헤겔의 『정신현상학』 읽기

세창명저산책_056

헤겔의 『정신현상학』 읽기

초판 1쇄 인쇄 2018년 2월 21일
초판 1쇄 발행 2018년 2월 28일

-

지은이 정미라
펴낸이 이방원
기획위원 원당희
편집 홍순용·김명희·이윤석·안효희·강윤경·윤원진
디자인 손경화·전계숙 **마케팅** 최성수

-

펴낸곳 세창미디어

출판신고 2013년 1월 4일 제312-2013-000002호

주소 03735 서울시 서대문구 경기대로 88 냉천빌딩 4층

전화 02-723-8660 팩스 02-720-4579

이메일 edit@sechangpub.co.kr 홈페이지 http://www.sechangpub.co.kr/

-

ISBN 978-89-5586-512-7 03160

ⓒ 정미라, 2018

이 도서의 국립중앙도서관 출판시도서목록(CIP)은 서지정보유통지원시스템 홈페이지(http://seoji.nl.go.kr)와
국가자료공동목록시스템(http://www.nl.go.kr/kolisnet)에서 이용하실 수 있습니다. CIP제어번호: CIP2018003462

세창명저산책_056

Georg Wilhelm
HEGEL

정미라 지음

헤겔의 『정신현상학』 읽기

세창미디어
MEDIA

머리말

    1807년에 출판된 『정신현상학』은 헤겔이 자신의 고유한 철학적 사유를 처음으로 체계화한 대표적인 책이다. 그러나 『정신현상학』은 철학 전공자도 접근하는 것이 쉽지 않을 정도로 난해한 책이기도 하다. 이러한 난해함은 헤겔이 자신이 의도한 내용을 『정신현상학』에서 친절하게 설명하는 방식으로 서술하지 않을 뿐 아니라, 하나의 주제가 아닌, 다양한 철학적 문제들을 동시에 다루고 있는 데서 기인한다고 할 수 있다. 헤겔은 『정신현상학』의 제목에서 나타난 것처럼 현상학적인 방식에 따라, 그리고 자신의 고유의 철학적 방법론이라 할 수 있는 변증법적 방법에 따라 '정신'이 자신을 드러내는 과정을 추적하고 있으며, 내용면에서도 인식론과 정치철학, 그리고 다양한 역사적 사실과 종교를 총체적으로 다루고 있다. 이러한 난해함에도 불구하고 『정신현상학』은 헤겔 철학의 핵심적인 내용들을 함축하고 있으며, 따라서 헤겔 철학을 이해하기 위해서는 반드시 읽어야 하는 대표적인 책으로 손꼽힌다.

『정신현상학』은 "의식", "자기의식", "이성", "정신", "종교", 그리고 "절대지"라는 여섯 개의 장으로 구성되어 있다. 이러한 각각의 장들은 독립된 내용들로 나타난 것이 아니라 인간의 의식이 발전해 가는 과정을 서술하고 있다. 헤겔은 부제에서 『정신현상학』을 "의식의 경험의 학"으로 규정하고 있다. 이와 함께 헤겔은 『정신현상학』에서 정신이 자신을 드러내는 과정을, 감각적 확신에 의존하고 있는 자연적이고 추상적인 의식이 다양한 경험을 거치면서 절대지에 이르게 되는 의식의 발전 과정을 통해 구체적으로 나타내 보인다. 감각에 의존한 채 대상에 대한 직접적인 앎을 진리로 이해하는 '의식'은 이러한 앎의 원천이 결국은 자기 자신에게 있다는 것을 깨닫게 됨으로써 '자기의식'이 된다. 그러나 "나는 나"라는 자신에 대한 절대적 확실성에 근거해 있는 개별적인 자기의식은 타자와의 인정투쟁을 통해 "나는 우리이며 우리는 나"라는 보편적 자기의식으로 고양됨으로써 자신을 이성적 존재로 자각한다. '이성으로서의 의식'은 다양한 규범들을 통해 형성한 인륜적 공동체의 주체이자 역사의 주체인 '정신'이 되며, 이러한 정신은 '종교' 속에서 자신의 진리를 모색하며, 궁극적으로 '절대지'를 통해 종교적인 진리의 한계를 벗어난다. 『정신현상학』은 의식에서 자기의식으로, 그리고 이성과 정신으로, 종교로, 궁극적으로 절대지에 이르는 의식의 경험 과정으로서 의식이 발전해 가는 긴 여정을 추적한다. 헤겔은 의식이 매 단계마다 진리에 대한 확신과 함께 등장하지만, 의식의 발전 과정 속에서 이러한 확신을 스스로 부정하게 되며, 이와 함께 진리의 더 높은 단계로 고양됨으로써 궁극적으로 절대지에 이르게 되는 전체 과정을, 정신이 자신을 드러내는, 즉 정신이 현상하는 과정으로 서술한다.

정신은 헤겔철학의 핵심을 이루는 개념이다. 많은 헤겔 비판가들은 헤겔의 정신을 인간과 세계를 지배하는 독립적인 실체로 이해함으로써, 헤겔의 철학을 신비주의적인 방식으로 해석한다. 그러나 헤겔에 있어서 정신은 사유하는 속성을 지닌 인간이 자신의 사유를 현실 속에서 실현시키는 모든 것을 포괄한다. 사유하는 인간은 단지 사유 속에 머물러 있는 것이 아니라 자신의 사유 내용을 현실 속에서 구체적으로 실현시킨다. 예를 들면 여러 정치적 제도나 관습, 그리고 예술과 종교는 인간이 자신의 사유를 통해 만들어 낸 것이며, 현실에서 사용하는 다양한 물건들, 집이나 가구, 혹은 모든 문명의 산물들은 인간이 자신의 사유를 매개로 만들어 낸 현실적인 산물이라 할 수 있다. 헤겔은 인간의 의식 상태와 더불어 사유를 매개로 인간이 만들어 낸 모든 것들을 총체적으로 정신으로 규정한다. 따라서 정신은 주어져 있는 상태인 자연과 대비되는 것으로서 어떤 의미에서는 인간이 만들어 낸, 인간의 고유한 세계인 문화와 비슷한 의미를 지닌 것이다. 문화가 좀 더 정신적인 차원을 의미한다면 정신은 인간이 만들어 낸 모든 물질적인 것들을 포함하는 개념이라 할 수 있다. 헤겔은 인간이 동물처럼 자연적 존재로 머물러 있지 않고 정신적 존재, 즉 자신의 사유를 매개로 자신이 만든 세계 속에 사는 정신적 존재로 이해하며, 이러한 정신활동의 궁극적 근거를 자유롭고자 하는 인간의 욕구에서 찾는다. 헤겔에 의하면 정치적 제도나 혹은 집이나 옷과 같은 인간의 사유에 의해 만들어진 모든 물질적인 것들은 자유롭고자 하는 인간 본질의 산물이며, 이와 함께 헤겔은 인간 정신의 본질을 자유로 규정한다.

　필자는 본 해설서를 통해 이러한 의식의 발전 과정, 즉 정신이 자신을 드러내는 과정을 추적하면서 헤겔이『정신현상학』을 통해 나타내 보이고자 하는 구체적인 내용을 좀 더 알기 쉽게 설명하고자 하였다. 이러한 시도가 어느 정도 성공적으로 행해졌는지는 독자들이 판단할 몫으로 생각된다. 하지만 본 해설서가 독자들이 헤겔 철학에 좀 더 가까이 다가갈 수 있는 통로가 될 수 있기를, 그리고 헤겔의『정신현상학』과 함께 추상적인 앎의 상태로부터 벗어나 구체적이고 풍부한 앎에 이르는 사유의 세계 속에 빠져들 수 있는 길라잡이 역할을 할 수 있기를 바란다.

| CONTENTS |

1장
『정신현상학』의 배경과 구조

1. 『정신현상학』의 시대적 배경

헤겔은 『정신현상학』의 서문에서 자신의 시대를 "새로운 탄생의 시기이자 새로운 시기에로의 이행의 시대"로 규정한다. 그에 따르면 "정신은 자신의 현존재와 표상에 있어서 지금까지의 세계와 단절하고, 그것을 과거로 내던져 버리고, 새롭게 재형성하는 일에 몰두하고 있다 … 현존하는 것 속에 만연하기 시작한 권태로움과 같은 경솔함이나 알려지지 않은 것에 대한 막연한 예감은 무엇인가 다른 것이 다가오고 있다는 징후들이다." 이와 같이 헤겔은 그 이전과는 전혀 다른 새로운 시대가 도래해 오고 있음을 예감한다. 그가 "탄생의 시대"로 규정한 자신의 시대는 어떤 시대였을까?

『정신현상학』이 출판된 1807년 전후 독일과 유럽의 상황을 살펴보면 한때 막강한 권력을 자랑하던 신성로마제국은 서서히 세력이 약화되어 간신히 명맥만 유지해 오다가 1806년 나폴레옹의 압력으로 인해 완전히 해체된다. 또한 1789년에 구시대의 종언을 외친 프랑스혁명이 유럽 전역에 영향을 미치고 있었으며, 나폴레옹은 이러한 혁명의 이념을 완수하는 상징적인 인물로 이해되었다. 1804년 나폴레옹이 황제의 직위에 취임하자 그를 지지했던 유럽의 많은 지식인들이 등을 돌리지만, 그러나 나폴레옹은 '법 앞에서 모든 인간의 평등'이라는 나폴레옹 법전을 공표함으로써 그 당시의 많은 사람들에게 여전히 구시대적 정신을 타파하고 새로운 시대인 근대적 정신을 대변하는 존재로 받아들여졌다. 헤겔이 『정신현상학』을 탈고할 때쯤 자신의 친구인 니히트함머에게 보낸 편지는 나폴레옹에 대한 헤겔의 생각을 분명하게 보여 준다.

"황제 ―이 세계 정신― 가 말을 타고 시내를 시찰하는 것을 보았네. 이와 같은 개인이 말 위에 앉은 채로, 하나의 지점에 집중한 채로 세계를 장악하고, 세계를 지배하는 모습을 보는 것은 실제로 아주 놀라운 감정이라네."

실제로 나폴레옹은 헤겔이 살고 있던, 그리고 『정신현상학』을 집필하고 있었던 독일의 도시인 예나를 침공한 것이었으며, 자신의 나라를 침략한 이웃 나라 황제에게 감격해서 "세계정신"으로 칭송한 것이 일반적이지는 않을 것이다. 그러나 헤겔은 나폴레옹에게서 거스를 수 없는 시대정신을 읽었으며, 바로 이러한 시대정신은 프랑스혁명을 통해 표출된 "자유와 평등, 그리고 박애"라는, 새로운 탄생의 시대인 근대의 이념이었다. 이러한 근대의 이념은 "나는 생각한다, 고로 존재한다"라는 데카르트의 선언과 함께 출발했으며, 이러한 선언에는 무엇보다도 인간의 주체성과 이성성에 대한 확신이 함축되어 있다. 기존의 진리를 거부하고 새로운 진리는 오직 주체인 인간의 이성에 의해서만 정당성을 지닐 수 있다는 이러한 근대적 신념은 인간의 자유를 중심적인 가치로 내세웠던 프랑스혁명의 이념과 함께 헤겔의『정신현상학』을 꿰뚫고 있는 중심적인 사상이라 할 수 있다.

1789년 프랑스에서 혁명이 발발했을 때 헤겔은 튀빙겐 대학을 다니고 있었으며, 함께 대학을 다니고 있던 친구 횔덜린, 그리고 셸링과 함께 튀빙겐 시가지 근처의 들판에 "자유의 나무"를 심고, 혁명가였던 〈라 마르세예즈〉를 즐겨 부르면서 혁명을 기념했다는 유명한 일화가 전해져 온다. 또한 헤겔은 노년에 이르기까지 평생 프랑스혁명이 발발한 날을 기념한 것으로 알려져 있다. 이를 통해 헤겔 사유에 프랑스혁명이 얼마나 많은 영향을 미쳤을지는 짐작해 볼 수 있다. 헤겔은 무엇보다도 철학의 과제를 "자신의 시대를 사유 속에서 포착하는 것"으로 이해했으며, 헤겔이 살았던 시대는 프랑스혁명이, 그리고 혁명의 이념이 유럽 전역에 걸쳐 영향을 미치던 시대이자, "주체"와 "이성"에 근거한 근대적 이념이 새로운 시대정신을 형성한 시기라 할 수 있다. 헤겔은 바로 자신의 시대를 지배하는 근대적 정신을 자신의 철학적 사유를 통해 표현하고자 했으며,『정신현상

학』은 헤겔의 이러한 시도의 첫 번째 야심찬 학문적인 작업
이라 할 수 있다.

2.『정신현상학』의 전개

헤겔은 여섯 개의 장으로 구성된『정신현상학』의 마지막
장을 "절대지"로 마무리한다. 이미 서론에서 설명한 것처
럼『정신현상학』은 의식이 다양한 경험을 통해 좀 더 고양
된 지의 형태로 발전하는 과정을 서술하고 있으며, 따라서
절대지는 이러한 의식이 도달하게 되는 궁극적인 목적지라
할 수 있다.『정신현상학』을 완성한 다음에야 비로소 작성
한『정신현상학』서문은 "학문적인 인식에 관하여"라는 부
제를 달고 있으며, 헤겔은 서문에서 진리의 참다운 형태는
"학문적 체계"로만 가능하다는 사실을 명확하게 밝히고 있
다. 또한 그는 진리가 주된 내용을 이루는 철학을 "학문의
형식에 가까워지도록 하는 것, 즉 철학이 지에 대한 사랑이
라는 자신의 이름을 버리고, 현실적인 지를 목표"로 하고
있음을 분명하게 명시하고 있다. 헤겔은『정신현상학』을

통해 새로운 시대적 요청에 타당한 절대지, 즉 진리를 나타
내 보이고자 했으며, 이러한 진리는 단순한 직관이나, 혹은
경험에 의해서가 아니라, 오직 학문적인 방식에 의해서만
알 수 있는 것으로 이해했다.

혜겔은 진리에 이를 수 있는 이러한 학문적인 방식을 구
체적으로 사변적인 방식, 혹은 변증법적인 방식으로 규정
하며, 『정신현상학』에서 그는 우리의 의식이 이러한 변증
법적인 방식을 통해 절대지에 이르는 과정을 묘사하고 있
다. 따라서 혜겔의 『정신현상학』의 전개과정은 변화와 발
전이라는 계기를 함축하고 있는 변증법이라는 혜겔의 고유
한 학문적인 방법론에 의존해 있으며, 외부의 대상에 의존
해 있는 최초의 의식은 변증법적 전개 방식을 통해 궁극적
으로 절대지, 즉 진리에 도달하게 된다. 그리고 이러한 과
정은 논리적인 필연성을 함축한 의식의 경험의 역사로 서
술되어 있다.

혜겔의 『정신현상학』은 진리의 처음 단계인 의식, 즉 대
상의식으로부터 출발한다. 자신의 외부에 존재하는 대상
에서 진리를 찾고자 하는 의식은 맨 먼저 감각적 확신과 지

각, 그리고 오성을 통해 대상의 진리를 인식할 수 있다고 믿는다. 그러나 결국 감각적 확신과 지각, 그리고 오성에 의존해 있는 대상 의식은 자신의 비진리성을 확인하고 다음 단계인 자기의식으로 넘어간다. 대상의식으로부터 자기의식으로의 진행과정, 그리고 이성과 정신을 거쳐 종교와 궁극적으로 절대지에 도달할 때까지의 의식의 경험과정은 매 단계마다 새로운 모습으로 나타나는 의식의 형태가 절대적인 진리임을 확인하는 과정이자 동시에 이러한 진리성을 부정하는 과정이기도 하다. 자신이 진리라고 확신했던 것들을 부정하고 다시 새로운 진리를 향하는 의식의 도정을 헤겔은 "회의의 길이자, 더 적절하게 표현하자면 절망의 길"로 묘사한다.

헤겔에 앞서 프랑스의 철학자 데카르트는 의심의 여지가 있는 모든 것들을 부정함으로써 궁극적으로 의심할 수 없는 "의심하는 자아"를 유일한 진리의 원천으로 규정한다. "cogito ergo sum"(나는 생각한다, 고로 존재한다)으로 알려진 데카르트의 방법론적 회의는 인간의 사유 속에 표현된 이성성과 자신의 존재의 근거를 외적인 권위, 즉 신에게서가 아니라 인간 자신에게서 발견하는 인간의 주체성을 대변하는 근대적 정신의 상징으로 간주된다.

그러나 방법론적으로 유사하게 보이는 헤겔에 있어서 의식이 경험하게 되는 회의의 과정은 두 가지 점에서 데카르트와 철저히 구별된다. 우선 데카르트는 회의적 방법을 통해 내용 없는 형식적인 자아, 즉 사유하는 자아를 궁극적인 진리의 원천으로 발견한 데 비해 헤겔은 사유하는 자아의 형식성을 넘어 객관적인 내용을 함축한 "절대지"를 진리로 규정한다. 또한 데카르트가 철학자의 입장에서 의심스러운 것들을 모두 배제하는 과정을 거쳐 확실한 것, 즉 "회의하는 나"를 발견한다면 헤겔은 의식 자체의 고유한 여정을 추적한다. 의식은 매 단계마다 등장하는 의식의 형태들을 진리로 간주하지만, 자신이 진리로 간주했던 것들이 다시 진리가 아님을 깨닫게 되는 회의의 과정을 거친다. 그러나 이러한 회의의 과정은 현 단계에 대한 단순한 부정이 아니라, 현 단계를 지양하고 좀 더 발전된 단계로 나아간다는 점에서 한편으로는 의식의 발전 과정, 즉 도야의 과정이기도 하다.

헤겔은 의식이 절대지에 이르는 도야의 과정을 그의 고유한 철학적 방법론이라 할 수 있는 변증법적 방법을 통해 전개한다. 변화를 배제한 사고의 형식적인 규칙만을 문제삼는 형식논리학과 달리 변증법은 변화를 포착하고자 하는 사유 법칙이라 할 수 있다. 헤겔에 따르면 존재하는 모든 것은 변화하며, 따라서 변화하는 사물은 오직 변증법적인 사고방식에 의해서만 정확하게 인식될 수 있다. 일반적으로 변증법은 모순율을 부정하는 논리로 이해되는데, 형식논리학에서 모순율은 A는 A이면서 동시에 비非A일 수 없다는 것이다. 형식논리학에서 타당한 것으로 간주되는 모순율을 부정하는 헤겔의 변증법적 논리에 따르면 어떤 사물은 A이면서 동시에 비A라는 것을 의미한다. 장미를 예를 들면, 활짝 피어 있는 장미가 현재의 모습이라면 이러한 장미는 물을 흡수하고 땅의 영양분을 빨아들이면서, 그리고 광합성 작용을 함으로써 현재의 활짝 핀 장미 상태를 벗어나는 움직임을 끊임없이 진행한다. 우리의 눈에는 보이지 않지만 장미는 활짝 핀 현재의 자신의 모습을 부정하는 활동을 활발하게 하고 있으며, 이러한 활동이 진행되면서 장미는 더 이상 활짝 핀 장미가 아닌 꽃잎이 하나둘 떨어지는 장미의 모습으로, 그리고 언젠가는 꽃이 사라지고 잎만 무성한 장미로 변하는 것이다. 따라서 현재의 활짝 피어 있는 장미는 활짝 피어 있는 장미이자 동시에 현재의 모습을 부정하는, 변화하는 장미인 것이다. 헤겔의 변증법적 논리에서 핵심적인 개념은 지양Aufhebung이라는 단어인데, 지양은 폐기와 보존, 그리고 발전이라는 의미를 동시에 함축하고 있다. 즉 현재의 상태는 다음 단계에서 완전히 사라지는 것이 아니라 다른 방식으로 보존되며, 동시에 현재의 상태는 폐기되고, 다음 단계에서 더욱더 발전된 모습으로 나타난다는 것이다.

헤겔의 『정신현상학』은 "의식의 경험의 학"으로서 의식이 변증법적 논리에 따라 끊임없이 "절대지"인 진리를 향해 발전해 가는 경험의 과정을 서술한 것이다. 즉 헤겔은 진리가 무엇인지에 대해 설명하는 방식이 아닌, 우리의 의식이 단순하게 진리라고 믿는 감각적 확신으로부터 출발해서, 이러한 감각적 확신이 자신의 비진리성을 노출하고, 필연적으로 다음 단계로 이행하는 과정을 보여 줌으로써, 그리고 이러한 이행을 절대지에 이르기까지 추적함으로써 진리가 필연적으로 드러나도록 한다. 따라서 헤겔의 『정신현상학』을 이해한다는 것은 이러한 의식의 도야과정을 우리가 함께 수행함으로써 궁극적으로 진리가 무엇인지를 깨닫게 된다는 것을 의미한다. 헤겔은 이러한 변증법적인 방식을 진리에 대한 단순한 직관이나 경험, 그리고 믿음이라는 주관성을 벗어나 진리의 객관성을 담보하는 유일한 학문적인 방식으로 이해하였다.

3. 『정신현상학』의 구조

헤겔이 자신의 고유한 철학적 사유를 처음으로 체계화한 『정신현상학』은 헤겔이 처음부터 계획했던 방식으로 저술한 책이 아니다. 헤겔은 자신의 철학 체계 전체를 단행본으로 출판하려 했으나, 결국 이러한 시도를 포기하고 서론으로부터 출발하여 "논리학과 형이상학"을 포함하게 될 체계의 1부만 발표하려고 하였다. 그러나 서론이 지나치게 길어져, 결국 자신이 저술하게 될 저서의 서론이 아닌 『정신현상학』이라는 독자적인 이름을 달고 출판하게 되었다. 즉 "논리학과 형이상학"이라는 자신의 저서의 서론으로 구상되었던 『정신현상학』은 집필과정에서 자신의 고유한 철학적 사유를 담지하게 되었을 뿐 아니라 분량 또한 지나치게 방대해져, 자신의 철학 체계의 일부로서 『정신현상학』이라는 제목으로 출판된 것이다. 『정신현상학』의 내용이 지닌 사상적 풍부함에도 불구하고 이해하는 데 있어서의 난해함은 『정신현상학』의 탄생에 얽힌 이러한 비화와 어느 정도 연관되어 있다고 할 수 있다.

『정신현상학』이 출판된 지 10년 후에 헤겔은 자신의 철학적 사유를 『논리학』과 『자연철학』, 그리고 『정신철학』으로 체계화한 『철학대계』를 출판한다. 그리고 "정신현상학"을 『정신철학』의 한 부분으로 서술하고 있다. 그러나 『정신철학』의 "정신현상학"은 이전에 독자적으로 출판했던 『정신현상학』에 비해 훨씬 축소된 내용을 담고 있다. 즉 『정신현상학』은 의식과 자기의식, 이성, 정신, 종교, 절대지라는 여섯 개의 주제로 구성되어 있는 데 비해 『정신철학』의 "정신현상학"은 오직 의식과 자기의식, 그리고 이성이라는 세 가지 주제만으로 구성되어 있다. 이러한 사실은 단순히 내용의 축소를 의미하는 것만이 아닌, 헤겔의 철학적 체계에서 "정신현상학"이 지닌 위상과 밀접한 연관이 있다.

헤겔은 자신의 철학적인 체계를 완성한 『철학대계』의 『정신철학』에서 정신을 주관정신과 객관정신, 그리고 절대정신으로 세분화해서 다루고 있다. 정신의 본질을 자유로 규정한 헤겔은 『철학대계』의 『정신철학』에서 인간의 자유의 실현문제를 중심적인 주제로 삼고 있으며, "정신현상학"을 포함하고 있는 주관정신은 자유의 실현과정을 의식의 차원에서, 그리고 객관정신은 정치적 제도의 차원에서, 절대정신은 정신의 자유가 드러나는 대표적인 영역으로서 예술과 종교, 그리고 철학에 대해 서술하고 있다. 이러한 구분에 따라 헤겔은 『정신현상학』에서 다룬 의식과, 자기의식, 이성을 『철학대계』는 주관정신의 영역에서, 정신은 객관정신의 영역에서, 그리고 종교와 절대지는 절대정신의 영역에서 다루고 있다.

『정신현상학』은 헤겔이 자신의 고유한 철학을 완성된 형식으로 출판한 최초의 책이자, 동시에 원래의 계획과는 전혀 다른 방향으로 출판된 책이다. 『정신현상학』은 의식이 진리에 대한 가장 추상적인 확신이라 할 수 있는 감각적 확신으로부터 시작해서 절대지에 이르는 경험의 역사를 다루고 있지만, 실제로 의식의 역사로 볼 수 있는 부분은 이성 장까지이다. 정신 장과 종교는 역사 속에 나타난 다양한 정신의 형태들을 다루고 있다. 이러한 관점에서 보면 『정신현상학』은 의식 장부터 이성 장까지가 의식의 발전을 다룬 부분으로, 그리고 정신 장부터 절대지 장까지가 현실적으로 존재하는 정신의 다양한 형태를 다루는 부분으로 이분화되어 있다. 이와 관련해서 헤겔은 "이때의 (정신의) 여러 형태가 앞서간 여러 가지 (의식의) 형태와 구분되는 점이란, 그것들이 곧 실재하는 정신, 다시 말하면 고유한 의미에서의 여러 현실을 뜻할 뿐만 아니라 더 나가서는 그것들이 한낱 의식의 여러 형태로만 머물러 있지 않은, 세계의 여러 형태로 군림한다는 데 있다"라고 서술하고 있다. 즉 의식에서 이성까지는 개인의 의식의 발전이 중심적인 주제였다면, 정신부터는 개별적인 개인이 아닌, 세계 속에서의 개인이 중심적인 주제를 이루고 있다. 따라서 『정신현상학』에 나타난 이러한 구분은 자신의 철학적 체계가 완성된 후에 출판한, 정신을 주관정신과 객관정신, 그리고 절대정신으로 세분화한 『철학대계』를 통해 좀 더 구체적으로 이해될 수 있다.

헤겔은 『정신현상학』을 한편으로 의식이 진리를 찾아 나서는 긴 여정으로, 동시에 정신이 자신을 드러내는, 즉 정신이 자신을 현상하는 과정으로 이해한다. 이러한 이중적인 기획은 진리에 대한 첫 걸음마 단계로부터 참된 진리에 도달하게 되는 의식의 역사가 동시에 정신이 자신을 드러내는 과정과 동일한 과정을 거친다는 헤겔의 관점을 드러낸 것이기도 하지만, 자신의 체계의 서론으로 계획했던 작업이 의도치 않게 길어지면서 『정신현상학』이라는 독자적인 책으로 나오는 과정에서 발생한 혼돈으로 간주되기도 한다. 이러한 혼돈은 『정신현상학』의 목차가 처음에는 A) 의식, B) 자기의식, C) 이성으로 구분하고 이성에 관련된 장을 AA) 이성, BB) 정신, CC) 종교, DD) 절대지로 세분화하였으나, 나중에 헤겔이 의식에 속해 있는 세 개의 장(감각적 확신, 지각, 오성)에 고유한 번호를 매기고 자기의식과 이성,

종교, 정신, 절대지에 차례로 번호를 매기면서『정신현상학』을 8개의 장으로 구성하는 것 속에서 발견하기도 한다.

헤겔이 원래 의도한 대로『정신현상학』이 자신의 철학적 체계의 서론에 불가한 것이었는지, 혹은 체계의 일부인지, 혹은 서론으로 기획했다가 집필과정에서 체계의 일부가 되었는지에 대한 논란에도 불구하고『정신현상학』은 헤겔의 철학적 사유를 이해하는 데 있어서 핵심적인 길라잡이 역할을 한다.『정신현상학』에는 자신의 고유한 학문적 방법론이라 할 수 있는 변증법적 사유의 단초들을 발견할 수 있으며, 진리에 대한 헤겔의 이해와 더불어 인간과 자유에 대한 그의 포괄적인 사유를 들여다볼 수 있다.『정신현상학』은 진리에 도달하기 위한 여정이지만, 또한 헤겔 자신이 정신의 본질을 자유로 규정한 것처럼 자유 실현의 여정이기도 하다. 헤겔에게 있어서 진리와 자유는 동일한 것이며, 따라서 정신이 자신을 드러내는 과정을 추적하는『정신현상학』의 긴 여정은 자신의 본질인 자유를 향한, 그리고 동시에 진리를 향한 긴 여정이라 할 수 있다.

2장
의식

1. 감각적 확신 혹은 '이것'과 '사념'

우리가 일반적으로 무엇인가를 안다고 할 때, 이러한 앎의 근거는 무엇에 의존해 있는 것일까? 때로는 권위 있는 타인이나, 책에 의존하기도 하고, 때로는 자신의 사유능력에, 혹은 자신의 감각기관에 의존하기도 할 것이다. 헤겔은 『정신현상학』에서 우리의 외부에 놓여 있는 대상에 대한 참된 지식으로부터 출발하며, 대상의 진리에 대한 접근방식을 의식으로 규정한다. 우리가 무엇인가를 안다는 것은 내가 나의 외부에 놓여 있는 대상을 정확하게 안다는 것을 의미하며, 따라서 참된 지식의 시작은 대상에 대한 나의 의식이라 할 수 있다. 그리하여 헤겔은 『정신현상학』의 첫 장인 의식 장을 대상의식으로, 그리고 이러한 대상의식을 감각적 확신과 지각, 그리고 오성으로 단계적으로 서술한다.

『정신현상학』은 헤겔이 궁극적으로 나타내 보이고자 하는 절대지, 즉 진리가 무엇인지에 대한 명확한 정의로부터 시작하지 않고, 대상을 이해하려고 할 때 가장 일반적인 방식이라 할 수 있는 대상에 대한 직접적인 앎으로부터 출발한다. 대상을 직접 안다는 것은 대상에 대한 다양한 해석이나, 혹은 대상들을 상호 비교하여 이해하거나, 대상을 다양한 내용들이 함축되어 있는 개념으로 파악하는 방식을 배제하는 것을 의미한다. 이러한 방식들은 대상을 왜곡시킬 위험을 내포하고 있기 때문에 대상을 가장 적합하게 이해하는 방식은 대상을 있는 그대로 포착하는 것이다. 헤겔에 따르면 어떠한 것으로부터 매개되지 않고, 대상을 직접 알수 있는 방법은 인간이 지니고 있는 감각기관에 의존하는 방식이며, 따라서 우리의 감각을 통해 대상을 알아내는 감각적 확신은 대상의 진리를 알아내는 직접적일 뿐 아니라 가장 자연적인 첫 번째 방식이라 할 수 있다.

실제로 우리의 감각은 우리의 외부에 있는 많은 대상들을 있는 그대로 우리의 의식에 전달해 주며, 대상은 이러한 감각을 통해 가장 풍부하고 구체적인 모습으로 우리에게 나타나는 것처럼 보인다. 예를 들면 장미가 붉은색인지는 직접 눈이라는 우리의 감각기관을 통해 알 수 있으며, 비가 내리는 소리 또한 우리의 귀를 통해, 달콤한 장미의 향기는 우리의 코를 통해서만 알 수 있다. 로크를 비롯한 근대의 경험론자들이 지식의 원천을 감각에서 찾았을 뿐 아니라, 감각만이 진리를 알 수 있는 유일한 수단으로 간주하였듯이, 일반적으로 감각은 대상을 알 수 있는 유일한 방식이며, 따라서 감각에 의존한 감각적 확신은 진리 인식의 가장 구체적인, 그리고 확실한 방법으로 생각된다.

헤겔이 참된 진리를 규명하고자 하는 『정신현상학』을 철학적 사유와는 가장 멀리 떨어져 있는, 자연적이며 소박한 진리 인식 방법이라 할 수 있는 감각적 확신으로부터 시작하는 것은 한편으로는 감각적 확신에 의존한 진리는 대상을 가장 구체적으로 알려 줌으로써 누구도 부정할 수 없는 듯이 보이지만 동시에 가장 빈곤하고 추상적이라는 사실을 드러내 보이고자 하기 때문이다. 그러나 헤겔은 감각적 확신에 내재한 이러한 역설적 상황을 모든 것을 이미 간파하고 있는 철학자의 시선으로 설명하지 않는다. 그는 감각적 확신을 진리로 간주하는 의식이 스스로의 전개과정에서 자신이 처한 모순적 상황 속에서 자신의 한계를 노출하고, 동시에 다음 단계로 필연적으로 이행하는 과정을 추적함으로써 감각적 확신이 스스로 자신의 한계를 극복하는 모습을 보여 주고자 한다.

헤겔은 감각적 확신의 변화과정, 즉 감각적 확신을 진리로 간주하는 의식의 상태로부터 자신이 주장한 감각적 확신의 비진리성을 드러내는 과정을 네 단계로 나누어 설명한다. 첫 번째 단계는 감각적 확신이 지닌 직접성과 관련된 것이다. 감각적 확신은 대상을 인식하는 자아와 대상의 일치성으로부터 출발한다. 자아는 앞에 있는 대상을 어떠한 매개 없이 있는 그대로 받아들이며, 내가 받아들인 대상의 직접적인 내용을 진리로 간주하는 것이다. 이때 대상은 내 앞에 존재하는 어떤 것이며, 자아 또한 어떠한 사유도 하지

않는 순수자아이다. 그러나 자아와 대상의 이러한 일체감
은 곧바로 무너지고 만다. 왜냐하면 실제로 행해지는 감각
적 확신은 순수하게 있는 것만을 받아들이는 것이 아니라
일정한 조건들, 즉 동일한 공간과 동일한 시간을 전제하고
있기 때문이다. 예를 들면 내 앞에 초록색의 나무가 있다고
가정한다면, 감각적 확신은 초록색의 나무가 있다고 확신
할 것이다. 그러나 내가 등을 돌리면 나무는 사라지고 다른
물체가 초록색 나무를 대신해서 나타난다. 이러한 상황을
통해 나의 확신은 외부에 존재하는, 타자인 대상을 통해서
이고, 대상의 존재의 확신은 대상의 타자인 '나'를 통해서라
는 사실이 밝혀진다. 결국 대상과 자아의 직접적인 일체감
에 의존해 있던 감각적 확신은 대상과 나의 분열을 통해 이
러한 확신이 사실은 대상에 대한 직접적인 앎에 의존해 있
는 것이 아니라 대상은 나에 의해, 나는 대상에 의해 상호
매개되어 있다는 사실이 드러난다. 이와 함께 감각적 확신
이 의존하고 있는 직접성은 부정되며, 다음 단계인 대상의
본질성을 확신하는 두 번째 단계로 넘어간다.

　　대상과 나의 상호적인 매개성을 확인한 의식은 그러나

대상은 나의 존재 없이도 그대로 존재하지만, 나의 확신은 대상 없이는 불가능하기 때문에 대상이 본질적이며, 나의 확신은 비본질적인 것이라는 사실을 알게 된다. 이와 함께 '나'라는 의식에게 무엇보다도 중요한 것은 본질적인 것으로서 대상이 되며, 나는 대상의 진리를 알고자 한다. 그러나 대상은 공간과 시간 속에 존재하며, 공간과 시간에 따라 지속적으로 변화하기 때문에 결국 본질적인 대상의 진리는 지속적으로 변화할 수밖에 없다. 헤겔은 '지금'이라는 시간적인 상황과 '여기'라는 공간적 상황을 예를 들어 설명한다. '지금'이 무엇인지를 누군가가 물어본다면, 우리는 감각적 확신에 의존해 '지금은 낮'이라고 대답할 수 있다. 그러나 시간이 흐르면 "지금은 밤"이라고 대답할 수도 있다. 따라서 '지금'은 여전히 존재하지만 지금은 낮이 될 수도 밤이 될 수도 있다. 즉 '지금'은 직접적으로 존재하는 것이 아니라 시간성 속에서 매개되어 존재할 뿐이다. 결국 감각적 확신에게 있어서 확실하게 존재하는 것은 밤이 될 수도 있고 낮이 될 수도 있는 '지금'일 뿐이며, 이러한 지금은 무엇이나 가능한 보편적인 것으로 존재할 뿐이다. 이러한 상황은 공간적인 '여기'에서도 동일한 방식으로 재현된다. 여기에 집이 있다는 사실은 곧바로 여기에 나무가 있다는 사실로 변하기도 한다. 감각적으로 확신할 수 있는 것은 "여기에 … 있다"라는 사실일 뿐이며, 따라서 여기는 무엇이나 가능한 보편적인 것으로만 존재할 뿐이다. 즉 **대상은 끊임없이 변화하나, 변함없이 남아 있는 것은 나의 의식 속에 있는 지금과 여기일 뿐이다.** 이와 함께 대상의 본질성을 확신했던 의식은 결국 이러한 확신을 진리로 간주하는 힘이 자신 속에 있음을 알게 된다. 즉 지금과 여기의 구체적인 내용은 변화하지만 지금과 여기를 변함없이 지속하는 힘은 직접 보고, 듣는 활동성을 지닌 자아에 있다는 사실이 밝혀진다. 대상의 본질성은 결국 자아의 본질성으로 대체되며, 이와 함께 감각적 확신은 세 번째 단계로 진입한다.

그러나 감각적 확신이 진리로 간주하는 자아의 본질성은 또 다시 부정된다. 자아는 지금을 고수하며, 지금을 밤이라 확신한다. 그러한 확신을 진리로 간주하고 주장하는 순간, 지금은 다른 지금이 되어 있기 때문이다. "지금은 밤이다"라고 확신하는 순간, 지금은 변화하며, 결국 자아의 감각적 확신은 자신이 감각에 의존해서 확신했던 "지금은 밤이다"가 더 이상 본인이 주장했던 것과는 다른 밤이라는 사실을 알게 된다. 즉 자아의 본질성을 주장하는 자아는 자신의 감각적 확신에 의존해서 진리로 확신했던 것이 확신하는 순간 사라져 버리며, 늘 새로운 지금에 마주할 수밖에 없다는 경험을 통해 자신이 확신했던 진리가 사실은 진리가 아님을 깨닫게 된다. 지금은 시간의 흐름 속에서 수많은 지금으로 구성되어 있는 다양한 내용을 지닌 지금만 존재할 뿐이며, 따라서 끊임없이 지금을 고집하는 자아의 활동은 다양한 지금의 내용들에 의존하는 단일적인 활동일 뿐이다. 이와 마찬가지로 여기 또한 공간적으로 수없이 많은 여기들로 이루어져 있으며, 여기를 지칭하는 자아는 여기라는 다양한 내용들로 구성되어 있는 단일한 활동인 것이다. 즉 "지금은 밤이다"나 혹은 "여기가 집이다"를 감각적 확신에 의해 진리로 명시하고자 할 때 지금이나 여기가 직접 거기에 있는 단일한 것이 아니고, 다양한 요소를 안고 있는 하나의 운동으로 나타난다.

결국 감각적 확신은 지금과 여기라는 시간적이고 공간적

인 움직임 속에서 어떠한 확신도 갖지 못한 채 자신의 확신을 끊임없이 부정하는 자아의 활동일 뿐이며, 헤겔은 지속적인 운동 속에 존재하는 자아의 이러한 활동을 의식의 경험의 역사로 규정한다. 즉 감각적 확신을 진리로 간주했던 의식은 지속적인 경험의 역사 속에서 자신이 주장했던 확신들을 부정하게 되며, 결국 자신이 주장한 진리를 포기하게 된다. 모든 것이 운동 속에 있으며, 감각적이며 직접적인 지에 의존해 있는 감각적 확신은 이러한 운동 속에서 표현되는 다양성을 결코 포착할 수 없기 때문이다. 지금이나 여기가 오직 운동으로만 포착가능하다는 것은 감각적 확신이 마주한 네 번째 단계의 경험이며, 이러한 경험을 통해 의식은 감각적 확신의 단계를 벗어나 대상과 자아가 지닌 다양성을 통일성 속에서 파악하는 '지각'으로 넘어간다.

2. 지각 혹은 사물과 기만

진리의 최초의 단계인 감각적 확신은 우리의 직접적인 감각으로 포착할 수 있는 개별적인 것을 진리로 주장한다.

그러나 이러한 감각적 확신은 궁극적으로는 개별적인 다양한 내용들로 대체 가능한, 보편적인 지금이나 여기에 의존해 있다는 모순성을 내재하고 있다. 또한 "지금은 밤이다"나 혹은 "여기는 집이다"라는 직접적이며 단일한 지를 지시하는 감각적 확신의 지금과 여기는 실제로는 다양한 내용들로 구성되어 있으며, 감각적 확신은 이러한 다양성을 명시할 수 없다는 한계를 지니고 있다. 따라서 감각적 확신을 벗어나 새로운 진리로 등장하는 지각은 감각적 확신이 포착할 수 없었던 보편성과 다양성을 진리의 근본적인 원리로 이해한다.

감각적 확신이 대상과 이러한 대상을 파악하려는 의식의 일체성 속에서 출발하였다면 지각은 대상과 대상을 파악하는 의식을 처음부터 구별한다. 즉 헤겔은 지각 장을 우리가 알고자 하는 대상, 즉 사물이 다양한 성질을 지니고 있다는 사실로부터 출발하며, 이러한 사물의 다양성을 파악하려는 의식을 지각으로 규정한다. 헤겔에 따르면 사물은 다양한 성질을 지닌 단일체로 나타나며, 지각은 사물이 지닌 다양한 요소들을 전개하고 구별하는 운동으로 표현된다. 예

를 들면 소금은 흰색이고 짠맛을 지니고 있으며 정육면체
의 모양을 지니고 있고 일정한 무게를 지니고 있는 단일체
이다. 이러한 소금을 파악하는 지각은 흰색을 보고 짠맛을
느끼며 정육면체의 모양을 고스란히 받아들이면서 동시에
이러한 다양한 요소들을 하나의 사물에 귀속시키는 운동
을 함축하고 있다. 오직 의식 활동만이 사물이 지닌 다양한
성질을 하나로 뭉치게 할 수 있는데, 이러한 운동은 의식이
자기 밖으로 나가서 사물의 한 요소를 지각하고 다시 자기
자신에게 복귀하는 연속적인 과정을 통해 이루어진다.

지각하는 의식에게 단일한 형태로 나타나는 사물은 그
자신이 지각되느냐, 혹은 안 되느냐와 상관없이 지각하는
행위로부터 독립적인, 자기동일성을 유지하는 사물이다.
예를 들면 소금은 다양한 성질로 구성되어 있지만 소금이
라는 독자적인, 그리고 단일한 형태로 존재한다. 지각하는
의식은 자신의 지각하는 운동과 상관없이 자신의 외부에
존재하는 이러한 사물을 진리이자 본질적인 것으로 이해
한다. 이에 반해 운동으로서의 지각 행위는 행해질 수도 있
고, 행해지지 않을 수도 있는 임의적인 것에 불과하기 때문

에 자신의 행위를 비본질적인 것으로 간주한다. 따라서 지각은 사물을 있는 그대로 수용하고자 하며, 사물을 왜곡 없이 있는 그대로 받아들이는 것, 즉 외부에 존재하는 사물과 자신의 지각이 일치할 때 진리로 간주한다. 그리하여 만약 사물을 이해하는 데 있어서 어떤 모순이 발생한다면, 지각은 이러한 모순을 전적으로 자신의 지각하는 행위의 오류로 받아들인다. 진리로서 자기동일성을 유지하는 사물은 어떠한 모순도 용납하지 않으며, 오류는 오직 지각하는 행위에 의해서만 발생할 수 있기 때문이다.

지각은 사물을 이중적인 방식으로 인식한다. 한편으로 사물은 자기동일성을 유지하는, 따라서 다른 사물들과는 구별되는 독립적인 단일체라는 것이다. 예를 들면 소금은 지각하는 의식에게 다른 사물들, 즉 설탕이나 모래 등과는 다른 독자적인 것으로 나타난다. 그러나 다른 한편으로 사물은 다양한 성질들로 구성되어 있으며, 지각은 이러한 사물의 성질들을 끊임없이 분해할 수 있다는 것이다. 즉 소금은 흰색이며, 짠맛을 내며, 정육면체라는 다양한 성질을 지니고 있다. 이러한 성질들은 또한 각각 소금 이외에 어디서

나 발견될 수 있으며, 그런 한에 있어서 보편적이고 독립적이라 할 수 있다. 따라서 소금은 단순히 한 가지 성질로 규정될 수 없을 뿐 아니라 독자적인 다양한 성질들로 구성되어 있는, 이 모든 성질들을 담지하고 있는 복합체로 규정된다. 한편으로는 단일체이며, 다른 한편으로는 복합체인 사물은 지각하는 의식에게는 모순으로 간주된다. 소금을 독립적인 단일체로만 이해할 경우, 소금은 다른 사물과 구별할 수 없게 된다. 하나의 사물을 다른 사물과 구별하게 하는 것은 하나의 사물을 구성하고 있는 다양한 성질들에 의해서 가능하기 때문이다. 그러나 소금은 다양한 성질의 구성물로만 이해할 수도 없다. 소금을 구성하고 있는 다양한 성질들, 즉 흰색이나, 혹은 짠맛은 소금에만 속해 있는 성질이 아니라 어디서나 발견할 수 있는 보편적인 것이며, 이러한 것들의 단순한 조합을 통해서 소금이라는 고유한 사물이 만들어지는 것은 아니기 때문이다.

지각은 사물이 지닌 이러한 이중적 성격에 의해 야기되는 모순을 해결하고자 한다. 먼저 지각은 사물을 독립적인 단일자로, 이와 함께 사물이 지닌 다양한 성질들은 사물 속에 용해되어 있는 것으로 이해한다. 이런 경우 각각의 사물들의 성질들이 지닌 독자성, 즉 흰색이나 짠맛, 그리고 정육면체라는 독립적인 성질들은 상실되고, 서로에 대해서 독립적으로 존재하지도 않는다. 오히려 그러한 것들은 상호 침투해 들어가서 서로를 부정하며 소금이라는 단일체 속에서 자신의 고유한 성질들을 해체시켜 버린다. 그러나 이러한 이해방식은 사물의 이중성 속에서 모순을 느끼는 지각의 문제를 해결해 주지 못한다. 지각에게 소금은 여전히 짠맛을 내고, 흰색이며, 정육면체를 지닌, 즉 각각 독립된 성질들을 통해 인식되기 때문이다. 또한 이러한 성질들을 제외시키면 소금은 아무런 규정성을 지니지 않는 단순한 사물에 불과하게 된다.

　지각이 이러한 문제를 해결하는 또 다른 방식은 사물을 다양한 성질의 종합인 복합체로 이해하는 것이다. 이런 경우 사물의 성질들이 지닌 각각의 독립성은 보존될 수 있지만 이러한 성질들이 어떻게 서로 관계하게 되는지의 문제가 남는다. 즉 각각의 성질들이 하나의 사물 속에 독립성을 유지하면서 병존하게 하는 기제는 무엇인지가 여전히 해결되지 않은 문제로 남게 된다. 또한 단일체로서 사물은 사라지게 되며, 사물은 무한한 성질들로 분해 가능한 것이 되어버리는데, 지각하는 의식에게 소금은 여전히 단일한 것으로 존재하기 때문이다. 결국 지각은 사물이 지닌 단일성과 다양한 성질의 복합체라는 이중적인 성격에 내재한 모순을 해결하지 못한다.

또한 지각은 자신의 외부에 있는 사물 자체와 이러한 사물을 인식하는 자신을 구별하며, 앞에서 이미 언급한 것처럼 사물을 본질적인 것으로, 사물을 인식하는 지각을 비본질적인 것으로 이해함으로써 사물의 단일성과 다양성이라는 이중적인 성격에 의해 야기된 모순을 극복하고자 한다. 이러한 방식 또한 두 가지로 나누어 살펴볼 수 있다. 첫째는 지각이 사물이 지닌 독립적인 단일성을 사물의 본질로, 그리고 다양한 성질을 지각하는 행위에 수반되는 비본질적인 것으로 이해하는 방식이다. 두 번째는 사물이 지닌 다양한 성질을 사물의 본질로, 그리고 이러한 다양한 성질을 하나의 단일한 것으로 통일시키는 힘을 자신의 지각 행위에 따른 것으로 이해하는 방식이다.

우선 첫 번째 방식에 따르면, 앞서 언급한 소금과 같이 사물은 독립적인 단일체인데, 지각이 다양한 감각기관을 통해 흰색이고, 짠맛을 내며, 정육면체로 받아들이며, 따라서 사물의 다양한 성질은 순전히 감각기관에 의존한 지각 작용에 의한 오류로 이해한다. 이와 함께 지각은 사물의 단일체로서의 진리성을 보존한다. 그러나 이러한 이해방식은 모순에 부딪힌다. 사물이 독립적인 단일체라는 것은 이러한 사물이 다른 사물과 구별된다는 것을 의미한다. 그러나 소금이라는 사물이 다른 사물들과 구별될 수 있는 것은 그 자체가 독립적으로 존재해서가 아니라, 소금을 규정하는 다양한 성질들 때문이다. 따라서 지각이 사물에 대한 인식에 수반되는 다양한 성질들을 사물로부터 배제하고, 자신의 지각 작용에 의해 야기된 것으로 이해함으로써 규정된 독립적인 단일체로서의 사물은 결국 아무런 내용도 지니지 않은, 따라서 다른 사물과 구별할 수 없는 공허한 것이 되고 만다.

두 번째 방식은 위의 방식과는 반대로 사물을 다양한 성질들로 구성된 것으로, 즉 사물의 다양한 성질을 사물의 본질로 이해하는 방식이다. 지각은 사물의 다양성을 통일적인 것으로 만드는 힘을 자신의 지각 행위에 있는 것으로, 따라서 사물의 독립적인 단일성을 비본질적인 것으로 이해한다. 사물의 다양한 성질들, 즉 흰색이나 짠맛, 그리고 정육면체는 각각 고유한 것으로서, 이들은 서로 아무런 연관 없이 사물을 구성하고 있으며, 지각은 이러한 각각의 성질을 통일하는 힘으로 작용한다. 또한 지각은 사물을 구성하고 있는 각각의 성질들을 손상시키지 않아야 하기 때문에 지각이 이들을 통일하는 방식은 "또한"을 통해서이다. 사물은 흰색이며, 또한 사물은 짠맛을 내며, 또한 사물은 정육면체이다. 사물은 "또한"을 통해 자신을 드러냄으로써 다양한 성질들의 집합체는 사물의 성질을 감싸고 있는 표면적인 것, 즉 현상적인 것으로 나타난다. 이를 통해 사물은 무수한 성질들 속에서 사물이 지닌 자기동일성은 해체될 뿐 아니라, 자체 내에 자기와는 대립된 진리를 함유하게 된다. 소금이라는 사물은 흰색이자 또한 흰색이 아닌 짠맛을 내며, 또한 짠맛이 아닌 정육면체 모양을 하고 있는 것이다.

　다양한 성질들로 구성되어 있는 사물은 우리의 지각이

통일적인 것으로 인식하는 것과는 상관없이 한 종류의 단일한 사물, 즉 여러 성질들을 담지하고 있는 집합체로 나타난다. 즉 소금은 소금을 이루는 본질적인 다양한 성질들로 구성되어 있지만 소금이라는 단일한 물체로 자신을 드러낸다. 따라서 사물을 구성하는 각각의 성질들은 소금이라는 울타리 속에서 서로 간에 일정한 관계 속에 있게 되며, 또한 소금이라는 단일체와도 일정한 관계를 맺게 된다. 어떤 사물이 관계 속에 있다는 것은 그 사물의 온전한 자립성을 부정하는 것이며, 따라서 사물이 지닌 본질적 성격은 관계 속에 해체되고 만다. 헤겔에 따르면 사물을 독립적인 단일성으로 인식하는 지각 행위에서도 사물을 다양한 성질로 지각하는 것과 마찬가지로 본질적인 것이 관계 속에 해체되는 현상이 발생한다. 독립적인 단일체로서 한 사물은 다른 사물들과 절대적으로 구별될 수 있다는 것을 의미하며, 이러한 구별은 타자를 전제해야만 한다. 즉 다른 사물들과 구별되는 한 사물의 독립적인 단일성은 오직 다른 사물과의 관계 속에서만 파악될 수 있기 때문이다. 결국 본질적인 것과 비본질적인 것을 구분하고, 사물을 오직 본질적인 것으로, 있는 그대로 파악하고자 하는 지각은, 결국 본질적인 것이 관계로 해체되는 경험을 통해 의식의 다음 단계인, 모든 사물을 관계 속에서 포착하고자 하는 오성의 단계로 넘어간다.

3. 힘과 오성*, 현상과 초감각적인 세계

사물을 본질적인 것으로 파악하는 지각하는 의식은 독립적인 단일체로서의 사물과 사물을 구성하는 다양한 성질 사이를 오가며, 결국 본질적인 것으로서의 사물을 부정하게 된다. 지각하는 의식은 사물을 통일적인 것으로, 즉 독립적인 단일체로 이해함으로써 사물이 지닌 다양한 성격을 자신의 감각기관에 귀속시키기도 하고, 사물을 다양한 성질들로 구성된 것으로 인식함으로써 사물의 통일성을 자신의 행위로 받아들이기도 하였다. 지각은 사물이 지닌 통일

---

* 오성은 독일어로 Verstand이며, 인간에게 내재하는 사물을 이해하는 능력을 의미한다. 지성으로 번역되기도 한다.

성과 다양성을 동시에 파악할 수 없었으며, 사물을 본질적인 것으로, 즉 고정된 실체로서 인식하려는 지각은 결국 모순에 직면하게 된다. 이러한 모순을 극복하는 의식은 사물을 관계 속에 파악하는 오성이며, 오성은 사물이 지닌 이중적인 성격, 즉 독립적인 단일체로서의 보편성과 여러 가지 성질들 속에 표현되는 다양성을 상호적인 이행작용으로, 즉 사물에 내재하는 힘의 작용으로 간주한다.

지각하는 의식에게 있어서 독립적인 단일체로서 사물은 사물을 구성하는 다양한 성질들과 어떠한 관계도 맺을 수 없었던 것과는 달리 힘은 자기 자신을 표출시키고 자기 내부에 있는 것을 자신의 외부로 정립시키는 것을 가능하게 한다. 헤겔은 이러한 힘의 작용을 "독자존재로 정립되어 있는 물질이 곧바로 통일되고 이 통일이 다시금 자기전개를 이루면서 이렇게 전개된 것이 또다시 하나로 마무리되는 상호적인 운동"으로 규정한다. 즉 통일이란 "자기 자신 속으로 떠밀려 들어간 본래적인 힘"이며 사물을 구성하는 다양한 성질들, 즉 "자립적인 질료들의 전개"는 자신을 외부로 표출하는 힘이라 할 수 있다. 따라서 힘에는 통일성을 가능하게 하는 응집시키는 힘과 다양성을 가능하게 하는 표출시키는 힘이라는 두 가지 계기가 함축되어 있다. 장미를 예로 들면(힘의 작용을 이해하기 위해서는 무기질보다는 유기체가 더 적절한 것으로 생각된다) 장미라는 개념은 힘의 표출을 통해 나타나는 다양한 전개들, 즉 묘목 상태나 봉우리 모습, 그리고 활짝 핀 모습 등 장미의 질료들의 표출과 이러한 것을 통일시키는 힘에 의해 가능한 장미라는 두 계기를 함축하고 있다. 즉 장미의 다양한 질료들의 표출은 분산되지 않고 응축하는 힘에 의해 장미라는 하나의 통일성을 지닌 물질로 떠밀려 들어간다.

통일과 표출이라는 힘의 이중적인 계기는 힘의 개념을 형성한다. 그러나 헤겔에 따르면 힘의 개념을 이루는 이러한 두 계기를 구별하는 것은 오성에 의해서만 가능하며, 힘의 실재성은 오직 다양한 질료들의 표출로만 드러날 뿐이다. 즉 실재하는 장미의 모습은 힘의 표출에 의해 나타나는 묘목 상태이거나, 혹은 봉우리 모습, 혹은 활짝 핀 장미의 모습일 뿐이다. 장미는 장미라는 개념의 형태가 아닌 개별적인 질료들의 모습으로만 존재함으로써 실제로는 통일시키는 힘과 표출하는 힘 사이의 구별은 사라진다. 현실에서는 오직 힘들의 끊임없는 표출들로만 나타나기 때문이다. 즉 장미는 묘목으로 자신을 표출하는 힘, 봉우리로 자신을 표출하는 힘, 그리고 활짝 핀 꽃으로 자신을 표출하는 힘으로만 실재한다.

다양한 질료들의 전개를 통해 표출하는 힘들은 각각 독립적인 것으로 보이지만 상호 밀접한 연관성 속에 작용하고 있다. 우선 하나의 힘이 나타날 때 다른 힘은 사라지며 따라서 힘들은 서로 대립하는 것처럼 보인다. 묘목으로 표출되는 힘은 봉우리로 표출되는 힘에 의해 소멸되고, 다시 봉우리로 표출되는 힘은 활짝 핀 꽃으로 표출되는 힘에 의해 소멸된다. 단순히 생성과 소멸이 반복되는 것으로 보여지는 힘들의 이러한 표출은 그러나 서로가 서로에게 의존되어 있는, 힘들의 상호 작용에 의해 가능하다. 묘목으로 표출되는 힘은 다른 힘, 즉 봉우리로 표출되는 힘을 가능하게 하며, 봉우리로 표출되는 힘은 묘목으로 표출되는 힘을 전제하지 않고는 자신의 존재는 불가능하기 때문이다. 각각의 힘은 다른 힘을 전제하며, 동시에 다른 힘에 의해 전제된다. 헤겔은 "이 두 개의 힘이 실존하기 위해서는 그들이 이미 양단 간의 중심점에서 서로 접촉하는 한에서만 가능한" 것으로 규정한다. 즉 묘목으로 표출하는 힘의 어느 지점과 봉우리로 표출하는 힘의 어느 지점의 접촉을 통해서만 이들 힘의 표출이 가능한 것이다. 힘들의 이러한 상호 작용은 현상 세계에서는 하나의 힘이 소멸되고 또 다른 힘이 생성되는 끊임없는 과정으로 나타나며, 헤겔은 이러한 힘들의 변화를 힘들의 유희로 묘사한다.

현상세계에서 나타나는 생성과 소멸이 반복되는 과정은 두 가지 측면을 동시에 지니고 있다. 한편으로는 생성과 소멸이라는 끊임없이 불안하게 변화하는 우연적인 측면과 다른 한편으로는 생성과 소멸이라는 과정 자체가 변함없이 지속되는 필연적인 측면이다. 우리의 감성은 힘이 표출되는 변화하는 세계를 있는 그대로 받아들이지만, 오성은 이러한 힘이 작용하는, 생성과 소멸의 반복 속에서 변화하지 않고 지속되는 법칙성을 발견한다. 즉 현상의 세계는 끊임없이 변화하지만, 이러한 변화하는 세계는 불변하는 법칙의 지배를 받는 것으로 인식하는 것이 오성적 의식이다. 따라서 오성은 변화하는, 감성적으로 포착 가능한 현상의 세계와 이러한 현상들을 지배하는, 초감성적인 법칙의 세계를 구분하며, 불변하는 법칙의 세계를 진리로 간주한다. 초감성적인 법칙의 세계는 생성과 소멸을 반복하면서 변화무쌍한 현상세계를 넘어서 있는 정지된 피안의 세계이다. 따라서 초감성적인 세계는 생성과 소멸을 넘어 지속적으로 존재하는 법칙의 나라이며, 감성적인 세계를 내면화한, 현상의 항구적인 상으로서 "정지된 모사"라 할 수 있다.

새로운 진리로 등장한, 사물의 내면을 지배하고 있는 법칙성은 그러나 두 가지 점에서 한계를 노출한다. 첫째는 모든 현상세계를 법칙성으로 환원할 수 없다는 것이다. 현상세계는 법칙의 틀을 벗어나는 독자성을 지니고 있으며, 돌연변이라는 현상을 통해서도 알 수 있듯이 법칙성을 벗어난 우연적인 요소들을 내재하고 있다. 따라서 법칙은 이러한 현상세계의 다양성을 빈틈없이 담아낼 수 없다. 둘째는 현상세계는 다양한 법칙들이 존재하는데, 다양한 법칙들이 존재한다는 것 자체가 현상세계를 지배하는 보편적 법칙이 존재한다는 오성의 원리와 모순된다. 따라서 뉴턴이 갈릴

레이의 낙하법칙이나 케플러의 천체의 운행법칙 등을 만유인력법칙으로 이해하려고 했듯이, 오성은 현상세계를 설명하는 다양한 법칙들을 하나의 법칙으로 환원시킨다. 그러나 다양한 현상세계를 포괄하는 하나의 통일된 법칙, 즉 가장 보편적인 법칙이란 다른 모든 법칙과는 달리 하나의 법칙이 아니라 "법칙이라는 순수한 개념" 자체이다. 개념으로서의 법칙은 현상세계의 어떠한 내용도 담아낼 수 없는, "현실세계는 합법칙적"이라는 추상적인 사유 속에 멈춰 있을 뿐이다.

결국 초감성적인 법칙의 세계를 진리로 간주한 오성은 이러한 법칙의 세계가 본래는 감성적으로 접근할 수 있는 현상세계로부터 유추된 것이라는 것을 인식한다. 감성적인 세계는 초감성적인 세계인 법칙의 존재를 가능하게 하는 토대이며, 초감성적인 법칙의 세계는 변화하는 감성적인 세계를 배제하고는 존재할 수 없다. 즉 법칙은 감성세계를 벗어나 초감성적인 세계에서 "정지된 모사"로 존재하는 것이 아니라, 변화와 다양성이 지배하는 감성세계의 원리를 담지할 수 있어야 한다. 감성적인 세계의 다양성과 변

화를 만들어 내는 원천인 초감성적인 세계가 스스로 다양
성과 변화를 함축하고 있지 않는다면 감성적인 세계에서의
다양성과 변화는 불가능하기 때문이다. 헤겔은 법칙이 지
배하는 초감성적인 세계가 감성적인 세계로부터 분리된 것
이 아닌, 감성적인 세계 속에서 현존하게 되는 이러한 현상
을 "전도된 세계"로 묘사한다. 전도된 세계에서 법칙의 통
일성에 근거했던 초감성적인 세계는 감성적인 세계인 현상
의 단순한 모사가 아닌, 변화와 다양성이 지배하는 현상세
계와 완전히 결합한다. 따라서 초감성적인 법칙의 세계는
초감성적인 세계를 벗어나 자신을 드러내는 현상의 세계,
즉 감성적 세계에서 비로소 완성된 모습을 갖추게 된다. 법
칙은 더 이상 피안의 세계인 초감성적인 영역에 있는 것이
아니라 감성적인 세계인 현상 자체에 존재한다. 즉 현상은
자체 내에서 자신을 매개하여 법칙을 드러낸다. 이와 함께
초감성적인 세계와 감성적인 세계를 대립된 두 개의 세계
로 인식했던 오성적 사유는 극복된다.

오성은 현상세계에서 다양성이 동일한 것으로 통일되고,
동일한 것이 다시 분열되는 과정을 경험하며, 헤겔은 이러

한 과정을 "무한성"으로 규정한다. 모든 존재하는 것은 고정된 실체로 존재하는 것이 아니라 자기 분열과 자기동일화라는 연속적인 운동, 즉 무한성 속에 존재하기 때문이다. 즉 묘목으로서 장미는 그 자체로 자기 동일적인 묘목이자 동시에 자신과 대립되는, 즉 자기분열적인 형태, 즉 봉우리로서의 장미의 모습을 자체 내에 지니고 있다. 그러나 이러한 분열 속에서도 장미라는 규정이 사라지는 것은 아니며, 묘목이나 봉우리는 여전히 동일한 장미일 뿐이다. 이런 점에서 묘목이라는 자기동일화는 또한 봉우리로의 분열이며, 결국 자기동일성으로서 묘목은 봉우리라는 분열과 대립해 있는 가운데 장미로 동일화되어 가는 것이다. 자기동일화와 분열의 이러한 운동은 무한히 지속되며, 이러한 운동이 그 자체로 의식의 대상이 될 때, 의식은 대상에서 진리를 찾고자 하는 오성의 단계를 벗어나 자기의식으로 전환된다. 자기의식은 자기동일성을 유지하면서 동시에 자신을 자신으로부터 구별하여 자신을 대상화할 수 있는 유일한 존재이다. 즉 헤겔에 의하면 자기의식은 자기동일성 속에서 자신을 타자화하며, 이러한 타자 존재 속에서 다시 자기 자신으로 복귀하는 구조를 지니고 있다. 따라서 자기의 식만이 오직 분열과 동일화라는 대상의 무한한 운동을 추적할 수 있다.

3장
자기의식

1. 자기 자신을 확신하는 진리

헤겔은 대상의 진리에 접근하는 방식을 의식으로 규정하며, 이러한 의식의 단계를 대상의 존재를 감각적으로 확신하는 감각적 확신의 단계, 대상의 성질을 지각하는 지각의 단계, 그리고 대상세계의 법칙을 인식하는 오성의 단계로 전개한다. 이러한 세 개의 의식형태는 모두 대상 자체에 진리가 있다고 생각하는 대상의식의 단계이다. 의식은 진리가 자신의 의식과는 다른 무엇, 즉 의식의 바깥에 있는 대상에 있는 것으로 이해함으로써 대상 자체를 그대로 받아들이는 것을 진리로 이해하였다. 그러나 의식은 감각적 확신과 지각, 그리고 오성의 단계를 거쳐 대상이 그 자체로는 파악될 수 없고, 오직 이러한 대상을 파악하는 존재, 즉 의식 그 자체가 의식에게 그대로 진리임을 알게 된다. 즉 의식은 진리의 원천이 대상이 아닌, 결국은 대상을 알고자 하는 의식인 자기 자신에게 있다는 것을 깨닫게 됨으로써 자기 자신을 진리로 확신하는 '자기의식'이 된다. 이와 함께 모든 진리의 기준은 이제 더 이상 대상들이 존재하는 객관세계가 아닌, 자기를 의식하는 '자아'라는 주관세계에 놓이게 된다.

그러나 자기 자신을 진리로 확신하는 자기의식에게 대상 자체가 완전히 소멸되는 것은 아니다. 대상은 여전히 자기의식의 타자로서 존재하며, 자기의식의 단계에서 소멸된 것은 대상 자체가 진리라는 의식이다. 대상은 오직 자기의식을 매개로 인식될 수 있을 뿐이며, 따라서 대상의 진리는 이제 의식의 외부에 존재하는 대상 자체에 놓여 있는 것이 아니라, 의식 자체, 즉 자기의식이다. 헤겔에 의하면 자기의식이 대상의 진리가 될 수 있는 것은 자기의식이 자신을 자기 자신으로부터 구별할 수 있으며, 동시에 자신의 외부에 있는 대상으로, 즉 자신의 밖으로 나갔다가, 다시 자신에게 복귀하는 자기 동일적인 운동 구조를 지니고 있기 때문이다. 즉 자기의식은 대상을 향해 있는 의식과 이런 대상을 인식하는 토대가 되는 자기 자신을 구별하며, 대상의 다양성을 소재로 가져오면서 동시에 자기동일성을 지니는 존재이기 때문이다. 자기의식은 감각이나 지각세계에 있는 다양한 대상들, 즉 자신의 타자에 대한 반성작용을 통해(자신을 자신으로부터 구별) 자기 자신에게 복귀하는(자기동일성으로 귀환) 무한한 운동이다. 예를 들면 자기의식은 대상인 장미의 묘목을 보고(묘목은 자기의식의 타자이며, 나라는 자기동일성과 묘목을 인식하는 나는 다르므로 묘목을 인식하는 상태는 나라는 동일성으로부터 분열된 상태라 할 수 있음) 다시 자기 자신에게 돌아오며, 다시 밖으로 나아가 봉우리를 인식하고 자신에게 되돌아오며, 다시 활짝 핀 꽃을 보고 자신에게 되돌아오는 운동을 지속하는데, 이러한 다양한 것들을 서로 다른 것들이 아닌 장미라는 하나의 동일한 대상으로 인식할 수 있는 이유는 자기의식이 대상의 다양성 속에서 해체되지 않고 자신을 유지할 수 있는, 즉 자기동일성을 견지할 수 있는 능력을 지니고 있기 때문이다.

데카르트는 자기 자신에 대한 확실성, 즉 자기의식이 모든 진리의 토대임을 명시한 근대의 대표적인 철학자라 할 수 있다. 그는 모든 믿음, 사상, 그리고 물질적인 사물조차도 의심의 대상으로 삼았다. 그는 맨 먼저 감각기관의 불완전성을 근거로 우리가 보거나 만질 수 있는 물질적인 사물의 존재에 대한 의심으로부터 시작한다. 즉 물 속의 막대는 실제 모습과 달리 굽어져 보이며, 깜깜한 밤에는 어떠한 것도 인지할 수 없기 때문이다. 우리의 외부에 존재하는 물질적인 사물의 존재를 의심한 후에 데카르트는 누구나 존재한다고 확신하는 자신의 신체에 대해서조차 꿈을 꾸는 상태일 수 있다는 사실을 통해 의심한다. 현재 내가 확신하고 있는 내 신체를 꿈속에서 보고 있는 것인지, 혹은 현실 속에 존재하는 것인지 명확하지 않기 때문이다. 그리고 그는 마지막으로 누구나 진리라고 생각하는 수학의 공리와 같은 보편적인 명제도 악마의 꾀임에 의한 결과일 수 있으므로 의심할 수 있다고 한다. 데카르트는 의심할 여지가 있는 모든 것을 철저히 의심하고 난 후에 여전히 의심할 수 없는 확고한 것으로 "모든 것을 의심하고 있는 나 자신"의 존재를 발견한다. "나는 생각한다. 고로 존재한다"라는 데카르트의 유명한 명제는 바로 이러한 의심의 과정을 거쳐 도달한 결론이며, 궁극적으로 사유하는 자아의 확실성을 모든 진리의 토대로 삼게 되는 방법론적 회의의 결과물이라 할 수 있다.

그러나 헤겔은 의심하는 자아를 통해 자기 자신에 대한 확실성에 도달하는 데카르트적 사유를 추상적이라고 비판한다. 우선 사유는 항상 '무엇'인가에 대한 사유이며, 따라서 우리는 사유하는 순간 사유의 대상에 사로잡혀 있게 된다. 물론 데카르트처럼 의심의 과정을 거쳐 사유하는 나의 존재의 확실성에 도달할 수 있지만, 이러한 확실성은 대상세계로부터 완전히 고립된 채 "나는 사유한다"라는 사실만을 우리에게 알려 줄 뿐이다. 즉 "나는 사유한다"에서 표현되는 데카르트의 자기 확실성은 대상세계로부터 단절된 채 유아론적 사고 속에 갇혀 있는, 그리고 오직 "나는 나"라는 동어 반복 속에 머물러 있는 추상적 자아일 뿐이다.

헤겔은 의심, 즉 사유의 과정을 통해 자기 확실성에 도달하는 데카르트와는 달리 자신에 대한 확실성인 자기의식의 필연성을 생명으로부터 야기되는 욕구에서 찾는다. 헤겔에 따르면 모든 생명체는 욕구를 지니며, 욕구는 대상에 향해 있던 의식을 자기 자신에게 돌아오게 하는 중요한 기제이다. 즉 대상에 향해 있던 의식은 욕구를 통해 욕구하는 자기 자신을 의식하며, 이와 함께 자신의 존재에 대한 확실성에 도달하게 된다. 배고픔을 느껴 무언가를 먹고 싶다면 우리는 그 순간 이러한 욕구를 가진 자기 자신을 의식할 수밖에 없다. 특히 욕구는 항상 '나'의 욕구로 나타나며, 욕구를 표현하기 위해서는 '나'라는 단어를 사용하지 않으면 안 된다. 따라서 욕구하는 순간 우리는 자신의 존재에 대한 절대적인 확실성에 도달하게 되는 것이다. 이러한 욕구가 생명이라는 것으로부터 야기되는 한, 자기 자신에 대한 확실성에 도달하게 한 인간의 욕구는 동물의 욕구와 다르지 않다. 다만 이러한 욕구를 충족하는 방식, 즉 욕구를 충족함으로써 자기 확실성을 견고히 하는 방식을 통해 인간은 다른 동물과 구분되며, 인간의 고유성이 드러나게 된다.

헤겔은 대상을 향해 있던 의식이 생명으로부터 야기되는 욕구를 통해 비로소 자기 자신의 존재를 의식하게 되며, 이와 함께 자기 자신에 대한 절대적인 확실성인 자기의식에 도달하게 되는 것으로 이해한다. 그러나 욕구를 통해 자기 자신에 대한 확실성에 도달한 자기의식은 "나는 나"라는 고립적인 의식을 벗어나 필연적으로 대상세계로 향하게 된다. 욕구는 오직 자신의 외부에 있는 타자를 통해서만 만족될 수 있기 때문이다. 따라서 욕구는 헤겔에게서 자기의식이 자신의 확실성에 도달한 최초의 계기를 형성한다. 헤겔은 자기의식을 데카르트처럼 "나는 나"라는 절대적인 자기 확실성 속에 머물러 있는 의식으로가 아니라, 행위를 통해 끊임없이 자신을 발전시키는 하나의 활동으로 이해한다. 활동하는 의식으로서 자기의식은 욕구를 통해 도달한 "나는 나"라는 최초의 자기 확실성을 벗어나 대상과의 관계를 통해 진정한 자기 확실성에 도달하게 된다. 헤겔에 따르면 참된 자기의식은 "나는 나"라는 주관성을 벗어나 타자와의 인정과정을 거쳐 나와 우리가 통일된, 즉 "우리인 나이자 나인 우리"라는 보편적 자기의식으로 고양됨으로써 가능하다. 따라서 『정신현상학』의 '자기의식'장은 욕구하는 자기의식이 자기의식의 진리인 보편적인 자기의식으로 발전하게 되는 과정에 대한 서술이라 할 수 있다.

헤겔은 욕구하는 자기의식을 대상성과 객관성이 결여된 채 자신의 존재만을 절대적인 것으로 이해하는 추상적인 자기의식으로 규정한다. 그러나 욕구하는 자기의식은 자신의 욕구를 외부에 있는 대상 없이는 충족시킬 수 없기 때문에 "나는 나"라는 고립적인 의식을 벗어나 필연적으로 외부세계, 즉 외부에 있는 대상과 관계를 맺지 않으면 안 된다. 따라서 욕구하는 의식은 한편으로는 자신에 대한 절대적인 확실성 속에 있는 의식이지만, 동시에 외부에 있는 대상을 통해 자신을 채워야만 하는 결핍된 의식이라는 모순적인 상황에 처해 있는 의식이다. 그러나 이러한 모순은 자기의식이 욕구하는 대상을 흡수함으로써, 욕구를 충족시킴으로써 해소된다. 헤겔은 욕구의 충족을 통해 얻게 된 자기의식의 확실성을 '자기 만족감Selbstgefühl'으로 규정하며, "나는 나"라는 절대적 자기 확실성에 있는 단순히 욕구하는 자기의식과 구별한다. 오직 욕구하는 대상을 통해서만 가능한, 욕구충족을 통한 자기 만족감 속에서 자기의식은 비로소 "나는 나"라는 고립적인 의식을 벗어나 대상성을 지니게 된다. 즉 자기의식은 대상을 매개로만 자신의 확실성에 도달할 수 있으며, 자기 만족감 속에 있는 자기의식의 확실성은 확실성의 첫 번째 단계인 단순히 욕구하는 자기의식을 넘어서는, 자기의식이 참된 자기 확실성에 도달하기 위한 두 번째 단계라 할 수 있다.

욕구충족을 통해 자기 만족감에 도달한 자기의식은 외부에 존재하는 대상을 자신의 욕구충족을 위한 수단으로, 자신을 위해 존재하는 것으로 이해한다. 욕구하는 의식에게 대상 그 자체는 아무런 의미가 없으며, 자신의 욕구충족을 위해 소멸되어야 하는, 이와 함께 자신의 확실성을 가능하게 하는 수단적인 존재일 뿐이다. 하지만 욕구충족을 통해 도달한 자기 만족감은 새로운 욕구의 등장과 함께 금세 사라지며, 자기 만족감에 의한 자기의식의 확실성도 순간적인 것에 지나지 않게 된다. 무한히 반복적으로 진행되는 욕구와 욕구충족 속에서 자기의식은 진정한 만족을 얻을 수 없으며, 따라서 자신의 외부에 있는 대상을 단순히 욕구충족을 위한 수단으로만 이해함으로써 대상과 부정적인 관계에 있는 욕구로서의 자기의식은 참된 자기 확실성에 도달할 수 없다.

2. 자기의식의 자립성과 비자립성: 지배와 예속

1) 생사를 건 투쟁

헤겔은 자기의식이 참된 확실성에 도달하는 세 번째 단계를 다른 자기의식과의 관계를 통해 설명한다. 대상과 부정적으로만 관계하는 욕구로서의 자기의식은, 자신의 욕구충족을 위해 쉽게 소멸시킬 수 없는, 자신과 마찬가지로 자신의 존재를 절대적인 진리로 확신하는 또 다른 욕구하는 자기의식을 마주하게 된다. 자기의식이 마주하게 되는 다른 자기의식 또한 자신의 외부에 있는 대상, 즉 타자를 소멸시켜야만 하는 욕구의 대상으로 이해하기 때문에 서로 마주하게 된 두 자기의식의 관계는 필연적으로 적대적일 수밖에 없다. 즉 생명의 보존이라는 필연성으로부터 야기되는 자연적 욕구 속에 사로잡혀 있는 자기의식에게 자신과 마찬가지로 욕구하는 다른 자기의식의 존재는 자신의 욕구의 충족을 억압하는, 이와 함께 궁극적으로 자신의 생명을 위협하는 존재로 이해될 수밖에 없기 때문이다. 따라서 헤겔은 자신의 존재의 절대적인 확실성 속에 있는 욕구하는 자기의식들의 최초의 관계를 '생사를 건 투쟁'으로 규정한다. 이러한 투쟁은 이러 저러한 갈등에 의해 야기될 수 있는 일반적인 투쟁이 아니라, 자신의 존재만을 절대시하는 욕구하는 각각의 자기의식에게 서로가 서로를 소멸시켜야 되는 불가피하면서도, 동시에 절박한 투쟁이다.

그러나 타자의 생명을 겨냥하는 이러한 투쟁은 동시에 자신의 생명을 포기할 것을 강요한다. 즉 자기의식들은 생명을 보존하려는 자연적 욕구에 의해 투쟁을 하게 되지만 자신의 생명을 보존하기 위해서는 오히려 자신의 생명보존이라는 자연적 욕구를 억압해야 하며, 죽음을 각오해야 하는 역설적 상황에 직면하게 된다. '생사를 건 투쟁'에 필연적으로 수반되는 이러한 역설적 상황은 투쟁의 성격을 변화시킨다. 자기 자신에 대한 절대적인 확실성 속에 있는 자기의식은 다른 자기의식에게 자신이 절대적으로 자유로운 존재라는 사실을, 즉 다른 자기의식을 포함한 모든 외적인 타자로부터 자유로울 뿐만 아니라 자신의 생명으로부터도 자유롭다는 사실을 증명하지 않으면 안 된다. 또한 자신의 자연적인 욕구, 즉 생명보존이라는 자연적 욕구를 극복해야만 한다. 이와 함께 타자의 부정만이 목적이었던 투쟁은 오히려 자기의식에게 자기 자신을 부정할 것을 요구함으로써 자기의식의 자연적 욕구를 억압하고, 동시에 자기 자신을 부정하는 죽음에의 공포를 극복하는 것이 무엇보다도 중요한 문제가 된다.

자기의식이 행하게 되는 이러한 투쟁은 생명의 보존이라는 자연적인 욕구에 의해 매개될 뿐만 아니라 투쟁의 결과로 자연 상태가 지양된다는 점에서 홉스가 가정한 자연 상태에서의 "만인의 만인에 대한 투쟁"과 유사성을 지니고 있다. 홉스에 있어서 자연 상태는 오직 인간의 자기보존본능만이 지배하는 곳으로, 어떠한 규범도 존재하지 않으며 영원한 투쟁이 지속되는 상태이다. 이러한 투쟁은 서로에 대한 불신 속에 있는 개인들이 계약을 통해 제3자인 절대군주에게 모든 권한을 위임함으로써 종식된다. 홉스에게서 인간은 자기보존만을 절대적인 목적으로 간주하는 이기적 존재이며, 인간에 내재하는 이성적인 능력도 오직 자신을 보존하기 위한 수단으로만 작용한다. 따라서 개인들이 자연 상태에서 상호 간에 맺는 계약은 자기보존을 위한 불가피한 선택이며, 서로에 대한 불신 때문에 이러한 계약은 모든 권력을 양도받은 제3자인 절대군주의 권위에 의해 지속되며, 개인들에 대해 절대적인 권력을 지닌 이러한 군주에 의해서만 무질서한 자연 상태에서 벗어나 질서를 갖춘 정치사회가 가능하게 된다.

홉스는 투쟁 속에서 야기되는 의식의 도야를 간과함으로써 자기보존만을 중요시하는 이기적인 개인들의 영원한 투쟁 상태를 가정하고, 이러한 투쟁이 오직 모든 권력을 위임받은, 외적인 절대적인 권위로 나타나는 절대군주에 의해서만 종식될 수 있는 것으로 이해한다. 그러나 헤겔에 따르면 투쟁에 마주한 두 자기의식은 어떤 외적인 권위에 의존하지 않고 스스로 투쟁 상태를 끝내고 정치사회를 형성하게 된다. 그에 따르면 '생사를 건 투쟁' 속에서 자기의식은 모든 것을 무화시키는 죽음의 절대적 위력을 경험하게 되며, 이러한 죽음에의 선취는 궁극적으로 투쟁을 중단하게 하는 결정적인 요소이다. 죽음의 공포에 사로잡힌 자기의식은 타자를 오직 자신의 욕구충족을 위한 수단으로서만 이해함으로써 타자의 존재를 부정하는 절대적인 자기주장이 결국 자기해체를, 자기부정을 초래하게 된다는 사실을 인식하게 되기 때문이다. 이와 함께 죽음의 공포에 휩싸인 자기의식은 더 이상 자신의 존재를, 자신의 절대성을 주장하지 않고, 자신을 오직 타자를 위해서만 존재하는 비자립적인 존재로 규정한다. 즉 죽음에의 공포는 한 자기의식으로 하여금 죽임을 당하기 전에 생존을 위해 자신의 존재를 부정함으로써 다른 자기의식에게 굴복하게 하며, 이와 함께 자기의식은 자신의 생명을 보존하게 된다. 또한 자신의 자연적 생명에 얽매이지 않음으로써 죽음에의 공포로부터 더 자유로울 수 있었던 자기의식은 다른 자기의식의 복종을 통해 자신의 삶에 대한 절대적 확실성을 획득할 수 있기 때문에 복종한 자에게서 구태여 생명을 빼앗을 필요가 없어진다. 그에게 타자는 더 이상 자립적인 존재가 아닌, 그를 위해 존재하는, 다른 외적인 대상과 마찬가지로 자신의 욕구를 충족시킬 수 있는 물적인 존재로 간주된다. 그리하여 헤겔에 있어서 생사를 건 투쟁은 홉스가 추론한 것과는 다른 결론으로, 투쟁에 참여한 두 자기의식의 상호적인 관계, 즉 주인과 노예라는 지배와 종속관계의 형성으로 종결된다.

홉스에 의하면 '만인의 만인에 대한 투쟁'인 자연 상태를 종식시키기 위해 사회계약과 절대군주는 필연적인 요소이다. 계약이 가능할 수 있는 기제는 자기보존을 위한 인간의 도구적 이성이며, 정치사회는 개인들의 자유의 포기와 함께 절대군주에 대한 절대적인 복종에 근거해 있다. 그러나 헤겔은 '생사를 건' 투쟁 속에서 자기의식이 필연적으로 경험하게 된 죽음에의 공포를 통해 자기의식 내부에서 야기되는 의식의 변화에 주목한다. 헤겔에 따르면 인간은 자신의 존재의 유한성을, 즉 자신이 언젠가 죽을 수 있다는 사실을 미리 선취할 수 있는 유일한 존재이다. 모든 인간은 결국 죽을 수밖에 없다는 인간 실존의 유한성에 대한 자각은 자기의식이 지닌 자신의 존재의 절대적인 확실성을 무의미하게 만든다. 또한 죽음에 대한 공포를 느낀 자기의식은 여전히 자신의 존재에 대한 절대적인 확실성 속에 있는 다른 자기의식 또한 죽음을 피할 수 없으며, 그러는 한에 있어서 자신과 동일한 존재임을 깨닫게 된다. 죽음의 공포 속에서 겪게 되는 자기의식의 이러한 경험은 단순히 부정적인 것으로만 간주된 투쟁의 의미를 긍정적인 것으로 변화시키며, 이와 함께 헤겔은 투쟁을 자기의식의 발전을 위한 필연적인 계기로 이해한다.

홉스에게서 투쟁이 외적인 권위에 의해서 종식될 뿐만 아니라 정치사회의 형성이 자기보존을 위한 도구적 이성에 근거해 있다면, 헤겔에게서 투쟁은 죽음에의 공포를 느끼는 자기의식의 내적 필연성에 의해 종결된다. 즉 헤겔은 모든 것을 무화시키는 죽음을 선취함으로써 결국 자신의 존재의 확실성을 포기하고 타자를 절대적인 존재로 인정하는 자기의식의 내면적인 변화 속에서 정치사회의 가능성을 간취해 낸다. 헤겔은 홉스와 마찬가지로 자연 상태를 벗어난 정치적인 질서의 가능성을 지배와 피지배의 관계 속에서 발견한다. 그러나 홉스가 개인들의 상호적인 불신 때문에 이러한 관계를 영원한 것으로 고착시키며, 이와 함께 절대군주의 권력을 정당화한 것과는 달리 헤겔은 투쟁과정 속에서 타자보다 더 절대적인, 모든 것을 무화시킬 수 있는 죽음의 위력에 대한 경험과 이를 통한 의식의 변화를 강조함으로써 주인과 노예관계의 지속성을 부정한다. 죽음의 절대적인 위력은 자기의식에게 자신의 존재의 절대성에 대한 무의미함과 함께 실존적인 유한성을, 그리고 타자와의 동일성을 경험하게 하며, 이러한 경험들은 헤겔에 의하면 자기의식들의 발전과정을 통해 주인과 노예의 관계를 새롭게 변화시킬 수 있는 계기로 작용한다.

헤겔은 투쟁에 임했던 두 자기의식의 생존 속에서 인간성 속에 내재해 있는 이성성이라 할 수 있는 인륜적 성격을 간취해 낸다. 그에 따르면 자연 상태를 벗어나 정치적 삶을 가능하게 하는, 즉 공동의 삶을 가능하게 하는 인륜성인 인간의 이성적 능력은 상호인정의 개념을 통해 구체적으로 표현된다. 홉스가 이성을 자기보존을 위한 도구적 성격을 지닌 것으로 이해했다면 헤겔은 이성을 인간에게 내재해 있는 상호인정 능력으로 규정한다. 자연 상태를 극복하고 나타난 최초의 인정의 형태는 한 자기의식이 전적으로 인정받고 다른 자기의식이 단순히 인정하기만 하는 비대칭적인 주인과 노예관계를 통해 나타난다. 그러나 헤겔은 이러한 비대칭적인 인정관계 속에서 투쟁의 종식을 통해 정치사회를 가능하게 하는 중요한 기제를, 이와 함께 인간이 단순히 자연적 존재가 아닌, 사유에 의해 매개된, 그리고 자유를 지향하는 정신적 존재임을 나타내는 근거를, 그리고 평등하며 상호 대칭적인 인정관계가 가능할 수 있는 단초를 발견한다.

2) 주인과 노예의 관계

순수하게 인정받은 자와 순수하게 인정하는 자로 구성된, 비대칭적인 인정관계에 근거한 최초의 정치사회에서 주인이 획득하게 되는 절대적 확실성은, 자연적 욕구와 이러한 욕구의 충족에 의해 도달하는 자기 만족감에 이어 자기의식이 자신의 존재에 대한 확실성을 획득하는 세 번째 단계라 할 수 있다. 자연적인 생명에 얽매임으로써 자신의 존재의 확실성을 포기하고, 주인에게 전적으로 의존하게 된 노예와는 달리 주인은 죽음을 두려워하지 않고, 자연적 생명보다 자신의 자유를 추구함으로써 자신에 대한 절대적 확실성을 획득한다. 이와 함께 주인은 자신을 제외한 모든 존재, 즉 노예조차도 자신의 욕구충족을 위한 수단인 물적인 대상Ding으로 이해한다. 주인의 이러한 자기 확실성, 누구에게도 의존하지 않는 자립성과 절대적인 자유는 욕구에 의해 자각된 "나는 나"라는 자신의 존재에 대한 확실성이나 욕구충족을 통한 "자기 만족감"을 통해 표현되는 확실성과는 달리 자신과 동등한, 욕구하는 자기의식의 인정에 의한 것이라는 점에서 구체적이며 객관적이다. 그러나 주인이 획득한 이러한 자기 확실성은 참된 확실성이 아니다. 주인에게는 자신을 인정하는 노예가 자립적인 타자가 아닌 비본질적인 존재이며, 언제든지 소멸시킬 수 있는 물적인 대상에 불과하기 때문이다.

헤겔에 의하면 자기의식의 참된 확실성은 오직 자신과 동일한 존재인 다른 자기의식의 인정 속에서만, 대칭적인 인정관계에 의해서만 가능하다. 최초의 인정관계인 주인과 노예의 비대칭적인 인정관계는 "주인이 타자에 대해 행하는 것을 자기 자신에게도 행하며, 노예가 자기 자신에 대해 행하는 것을 타자에 대해서도 마찬가지로 행한다"는 인정의 고유한 요소를 지니고 있지 않다. 헤겔은 상호 동등한 자기의식들 사이의 대칭적인 인정관계에 의해서만 자기의식들이 자신의 존재에 대한 참된 확실성을 획득할 수 있을 뿐 아니라 진정으로 자유로울 수 있는 것으로 이해한다. 헤겔에 있어서 이러한 대칭적인 인정관계는 "나는 나"라는 자기 자신에 대한 절대적 확실성 속에 있는 유아론적 자기의식이 의식의 발전과정을 거쳐 궁극적으로 도달하게 되는 자기의식의 진리이자, 동시에 참된 정치사회가 가능할 수 있는 토대이기도 하다. 따라서 최초의 정치사회를 가능하게 하는 주인과 노예 사이의 비대칭적인 인정관계는 자기의식이 참된 확실성을 획득하는 과정 속에 나타나는 계기, 즉 지양되지 않으면 안 되는 하나의 계기일 뿐이다.

최초의 자기의식들은 욕구를 통해 자신에 대한 절대적인 확실성 속에 있는 존재였다. 욕구로서 자기의식들은 자신의 외부에 있는 대상을 오직 욕구충족을 위한 수단으로만 간주함으로써 서로에게 적대적일 수밖에 없었으며, 따라서 '생사를 건 투쟁' 이후 형성된 주인과 노예라는 자기의식들의 관계는 욕구의 충족과 밀접한 연관관계 속에 놓이게 된다. 정치적인 관점에서 보면 두 자기의식의 관계는 지배와 종속의 관계이지만, 이러한 주종관계는 이들 관계의 형식적인 측면을 나타낼 뿐이다. 내용적인 측면에서 보면 주인과 노예의 관계는 무엇보다도 욕구의 대상인 물적인 것에 대한 그들의 관계를 통해 구체적으로 표현되는데, 주인은 단순히 향유하는 자로서, 노예는 노동하는 자로서의 역할을 통해 특징지어진다.

'생사를 건 투쟁' 속에서 죽음의 위협을 감수함으로써 죽음의 공포에 사로잡힌 존재에 대한 자신의 우월성을 드러냈던 주인은 여전히 욕구하는 존재이며, 따라서 여전히 외부에 있는 물적인 대상과 관계하지 않으면 안 된다. 그러나 주인은 욕구의 대상인 물적인 대상들과 직접적으로 관계하지 않는다. 주인은 물적인 대상과 자신 사이에 노예를 개입시킴으로써 노예에 의해 향유될 수 있도록 준비된 대상을 순수하게 즐길 수 있게 되며, 이와 함께 순수한 자기만족에 도달한다. 이에 반해 자연적 생명을 포기하지 못하고 죽음에 대한 공포 때문에 비자립적인 존재로 전락하게 된 노예는 자신의 생명을 유지하기 위해 주인에 대한 절대적인 복종 속에 존재하게 된다. 그는 주인의 욕구를 만족시키기 위해 외부에 있는 물적인 대상들과 관계하며, 주인의 욕구가 장애 없이 만족될 수 있도록, 노동을 통해 외부에 존재하는 대상을 향유할 수 있는 형태로 변화시킨다. 즉 노동하는 자로서의 노예는 주인을 위해 직접적으로 물적인 대상들과 관계하게 되며 그에 비해 향유하는 자로서의 주인은 그 자신과 욕구를 만족시켜 주는 대상들 사이에 노예를 개입시킴으로써 간접적으로만 물적인 대상들과 관계하게 된다.

헤겔은 욕구의 대상에 대한 주인과 노예의 서로 다른 이러한 관계 속에서, 즉 그들의 구체적 관계를 나타내는 향유와 노동이 지닌 성격 속에서 투쟁의 결과로 야기된 비대칭적인 그들의 인정관계를 변화시킬 수 있는 중요한 계기를 발견한다. 주인이 누리게 되는 향유는 무엇을 만들어 내거나 혹은 자기 자신을 새롭게 변화시키는 어떠한 요소도 지니지 않은 "순수한 소모Verschwinden"에 지나지 않는다. 단지 소모하기만 할 뿐, 어떠한 것도 스스로 만들어 낼 수 없는 주인은 욕구를 만족시키기 위해 결국 노예에게 의존하게 된다. 이러한 의존 속에서 주인은 다른 자기의식과의 투쟁을 통해 획득했던 자신에 대한 절대적인 확실성과 자립성을 서서히 상실하게 된다. 그에 비해 노예는 주인의 욕구를 만족시키기 위해 외부에 있는 대상과 직접적으로 관계를 맺는다. 그러나 이러한 대상은 자립적이며 고유한 성격을 지니고 있으며, 따라서 노예는 대상을 자신이 원하는 대로 변경시키거나 단순히 부정할 수 없다. 그는 대상의 고유한 성분은 그대로 놔둔 채 형태를 바꾸는 데에만 관여하는데 노예의 대상에 대한 이러한 관계방식을 헤겔은 "가공하는 것Bearbeiten", 혹은 "노동Arbeit"으로 규정한다. 또한 노예가 대상과 관계하면서 노동하는 이러한 과정은 노예가 자신의 욕구를 억제하는 과정이기도 하다. 즉 투쟁의 결과로 주인이 얻게 된, 어떠한 외적인 장애 없는 자기 만족감인 향유가 단순히 소모하는 것으로서 대상을 새롭게 만들어 내는 측면을 결여하고 있는 데 반해 노예의 노동은 "억제된 욕구이자 저지된 소모"로서 대상에 새로운 형태를 부여하며 이를 통해 새로운 대상을 창조한다.

노예는 자신이 새롭게 만든 대상을 자신에게 낯선 존재

가 아닌, 바로 노예자신으로부터 나온, 자신의 고유한 의미를 실현시킨 것으로 이해한다. 노예는 노동의 산물인 대상 속에서 자신이 외화된 모습을, 즉 자기 자신을 다시 발견하게 되며, 이와 함께 대상성을 지니게 된다. 자신이 아닌, 오직 주인을 위해서일 뿐 아니라 자발적인 행위가 아닌 강요된 행위라는 점에서 소외된 노동이었던 노예의 노동은 노예에게 대상성을 부여해 줌으로써 노예가 죽음에 대한 공포 속에서 경험했던 자신이 완전히 소멸되는 것에 대한 두려움으로부터 벗어나게 해 준다. 즉 노예는 자신에게 '지속성'을 부여해 주는, 자신을 재발견할 수 있는 대상을 창조함으로써 자신을 무화시킬 수 있는 죽음에의 공포를 서서히 극복하게 된다.

헤겔은 이러한 노예의 노동을 "형성Bildung"*이라는 개념

---

* 독일어의 Bildung은 형성, 도야, 교양으로 다양하게 번역되어 사용되며 헤겔의 정신철학을 이해하는 데 있어서 중요한 의미를 지닌 용어이다. Bildung은 일차적으로 인간이 자연적인 상태를 벗어나서 이 세계를 스스로 만든다는 의미를 함축하고 있는데, 외부 세계를 만드는 경우는 형성으로, 자신에 내재하는 자연적인 성격을 극복하고 자기 자신을 교양 있는 존재로 만들 때는 도야라는 의미로 번역된다. 도야가 자연 상태에서 자연을 극복하려는 노력의 과정을 함축하고 있다면, 교양은 이러한 도야를 통해 도달된 상태라 할 수 있으

을 통해 설명한다. "도야"나 "교양"으로도 번역되는 "형성"
은 노예의 노동이 지닌 성격을 아주 잘 드러내 준다. 노예
의 노동은 단순히 외적인 대상을 만들(형성할) 뿐 아니라 동
시에 자연적인 욕구의 극복을 통해 자기 자신을 새롭게 만
들어 내는(도야하는) 활동이기 때문이다. 노예의 노동과정은
자신의 욕구를 끊임없이 억제함으로써 주인의 욕구를 만
족시키기 위해 무언가를 지속적으로 만들어 내는 활동이라
할 수 있다. 노예는 이러한 과정을 통해 모든 것을 무화시
키는 죽음의 공포로부터 벗어남으로써, 그리고 자연적 욕
구를 억압함으로써 자신을 비자립적인 존재로 변화시킨,
그리하여 자신의 "굴레"이기도 한 자연성, 즉 생물학적인
생명에 대한 집착과 자연적인 욕구를 비로소 극복하게 된
다. 또한 주인이 단순히 욕구하는 존재로 머물러 있음으로
써 여전히 자신의 이기성에 사로잡혀 있는 데 반해 노예는

며, 교양 있는 존재는 자기가 원하는 대로, 즉 자연적 본능이 시키는 대로 행
동하지 않고, 타인과의 상호적인 인정을 매개로 한, 보편적인 방식으로 행동
한다. 여기에서는 문맥에 따라 때로는 형성으로, 혹은 도야로, 그리고 교양으
로 번역할 것이다.

자기 자신의 욕구가 아니라 타자인 주인의 욕구를 만족시키기 위해 노동함으로써 자신의 이기성을 벗어날 수 있게 된다.

또한 노예는 무엇보다도 자신을 무화시킬 수 있는 죽음의 위력을 온몸으로 경험한 존재이다. 이러한 죽음에 대한 공포의 경험을 통해 노예는 자신의 자연적 현존재에 대한 집착의 무의미성을 깨닫는다. 또한 죽음은 누구도 피해갈 수 없는 절대적 힘으로서 보편적인 것이며 노예는 죽음이 지닌 보편적 성격을 통해 자신과 더불어 모든 현존재가 공동의 운명체임을 알게 된다. 죽음 앞에서는 자신을 지배하는 주인이나 이러한 주인에게 절대적 복종을 하는 자신이나 동일한 존재인 것이다. 헤겔은 죽음의 위험을 감수한, 모든 대상적 존재를 부정적인 것으로만 이해하는 주인이 아닌, 죽음에 대한 공포 앞에 온몸으로 전율한 노예의 의식 속에서 타자를 자신과 동일한 존재로 인정하는 보편적 의식으로의 고양될 수 있는 가능성을 발견한다. 죽음을 선취함으로써 얻게 된 경험과 더불어 비록 자신이 원해서가 아니라 주인에 의한, 즉 죽음에의 공포라는 외적 강제에 의한 것이지만 노예가 주인에 대한 복종과 노동 속에서 획득하게 되는 이러한 보편성은 "나는 나"라는 절대적인 자기 확실성 속에 있는 자기의식이 다른 자기의식에 대한 진정한 상호인정을 통해 참된 자기의식으로의 발전을 비로소 가능하게 한다. 따라서 헤겔은 진정한 자기 확실성과 자립성을 획득할 수 있는 의식을 노예적 의식으로 규정한다. 그에 따르면 "자립적인 의식의 진리는 노예적인 의식"이다. 타자를 부정함으로써 주인이 획득한 자기 확실성, 즉 자립성과는 달리 노예가 획득한 이러한 자립성은 타자에 대한 참된 인정을 통해 비로소 가능한 것이다. 따라서 "우리인 나, 그리고 나인 우리"로 표현되는 보편적인 의식은 자기의식의 상호 인정에 근거한 참된 자유가 구체적으로 실현될 수 있는 궁극적인 토대라 할 수 있다.

3) 자기의식의 확실성과 자유

헤겔은 주인과 노예의 관계에 대한 서술을 통해 주인이 노예가 되고 노예가 주인이 되는 현실사회에서의 혁명적 변화의 가능성을 설명하고자 한 것은 아니다. 헤겔이 자기의식장을 통해 나타내 보이고자 한 것은 무엇보다도 "나는 나"라는 자신에 대한 절대적 확실성 속에 있는 자기의식이 타자에 대한 인정과정을 거쳐 상호적인 인정에 근거한 보편적인 의식으로 고양되는 과정이다. 헤겔은 자신에 대한 절대적 확실성 속에서 모든 타자를 부정하는 주인이 아닌, 대상과 자신을 형성하고 도야하는 노예 속에서 보편적인 의식으로의 발전 가능성을 본다. 노예는 죽음에 대한 공포와 노동을 통해 자연적이며 직접적인 욕구를 극복하게 되며, 이와 함께 보편적인 의식으로 고양된다. 이러한 노예는 주인처럼 타자와의 부정적인 관계를 통해서가 아닌 타자를 인정함으로써, 그리고 이러한 타자에 의해 인정받음으로써 비로소 자기 자신에 대한 확실성을 지니게 된다. 즉 "보편적 자기의식은 타자 속에서 자기 자신에 대해 긍정적으로 아는 것이다. … 또한 각각의 자기의식은 자신이 타자를 인정하고 타자가 자유롭다는 것을 아는 한 자유로운 타자 속에서 자신이 인정되고 있다는 것을 아는 것처럼 상호성으로서의 실질적 보편성을 갖는다."

보편적 의식으로 고양된 노예는 헤겔에 의하면 대칭적

인 인정관계를 통해 모두가 자유로울 수 있는 평등한 정치 사회를 가능하게 하는 새로운 주체이다. 노예는 더 이상 노예가 아닌 근대의 평등의 이념을 구현한 시민이며, "인간은 법 앞에 모두 동등하다"라는 보편적인 의식을 담지한 시민은 타자를 부정함으로서가 아니라 자신과 동등한 타자의 인정에 의해 매개됨으로써 비로소 자기 자신에 대한 참된 확실성을 획득하게 된다. 헤겔에 따르면 "노예가 자유롭게 됨으로써 비로소 주인도 또한 완전히 자유롭게 된다." 노예가 다양한 경험을 통해 도달하게 되는 보편적 의식으로의 고양은 "나는 나"라는 자신에 대한 절대적 확실성 속에 있는 자기의식이 자기부정을 통해 궁극적으로 도착하게 되는 종착점이며 "오직 인정된 것으로만 존재하는" 자기의식의 진리이다.

헤겔은 『정신현상학』에서 자기의식의 발전과정에 대한 서술을 통해 자기의식의 진리가 "나는 나"라는 타자로부터 고립된 유아론적 자아 속에 있는 것이 아니라 타자와의 동등한 인정관계 속에 있음을 나타내 보이고자 한다. 그러나 "우리인 나, 그리고 나인 우리"로서 자기의식의 진리인 보편적 자기의식은 자신을 절대적인 존재로 이해하는 근대적인 주체적 자아를 부정함으로써 형성되는 것은 아니다. 보편적 자기의식 속에서 소멸되는 것은 타자를 부정함으로써 자신만을 고집하는 자기의식의 직접적인 자연성과 이기성일 뿐이며 타자와의 동일성에 대한 의식 속에서 타자와 구별되는 자기의식의 고유성은 여전히 보존된다. 따라서 자기의식의 진리로 규정된 헤겔의 보편적 자기의식은 "나"의 고유한 권리가 인정되지 않은 채 "우리"만을 중시하는 고대적인 인륜적 의식을 의미하지 않는다. 헤겔에게서 보편적 의식으로의 고양 속에서 표현된 "우리"는 다양한 경험을 통해 자신의 이기성을 극복한 "나"에 의해 인정된 것이며, 그러는 한에 있어서 "우리"는 근대의 지배적 이념인 주체적 자아의 형성을 전제로 할 뿐 아니라 이러한 주체적 자아에 근거해 있는 공동체 의식을 의미한다고 할 수 있다.

인간의 개별성을, 즉 개인을 절대적인 것으로 이해하는 근대의 일반적인 계약론자들과 달리 헤겔은 인간 속에 내재해 있는 보편적 성격을 간취해 낸다. 헤겔에 의하면 인간은 욕구의 충족을 우선적인 목적으로 간주하는 자연적인 존재이며, 그러는 한에 있어서 자신을 절대적인 존재로 이해하는 개인이지만, 동시에 타자와의 동일성에 대한 인식을 토대로 상호적인 인정관계를 형성할 수 있는 보편적인 존재이다. 헤겔은 전자를 일차적 본성으로, 그리고 후자를 이차적 본성으로 규정하며, 일차적 본성은 생명을 지닌 존재라는 필연성으로부터, 이차적 본성은 자유롭고자 하는 정신적인 존재라는 사실로부터 야기되는 것으로 이해한다. 헤겔에 따르면 일차적 본성인 욕구의 만족을 통한 자기 확실성은 실제로는 타자와의 관계를 통해 매개되며, 따라서 이차적 본성인 상호적인 인정관계 속에서 개인들은 자기 자신에 대한 진정한 확실성을, 이와 함께 자유를 획득할 수 있다. 이러한 "이차적 본성"은 공동체적인 삶의 근거로서 다양한 정치 제도와 도덕적 의식, 그리고 관습들 속에서 현존재를 갖는다. 따라서 헤겔에게 있어서의 궁극적으로 국가로 표현되는 정치적 제도는 그 당시의 자연법학자들이 주장하는 것처럼 인간의 자유를 구속하는 필요악으로서 단순히 형식적으로 인간을 규정하는 것이 아닌, 오히려 인간의 자유가 비로소 실현될 수 있는 구체적인 토대라 할 수 있다.

헤겔에 의하면 인간의 참된 자유의 실현은 '일차적 본성'과 '이차적 본성'의 통일, 즉 '상호인정'의 과정을 통해 매개된 통일에 의해 가능하다. 따라서 인정은 헤겔에 있어서 '개별성' 속에 있는 개인의 의식을 보편적인 의식으로 고양시키며, 동시에 절대적인 자아와 타자, 자아와 보편자를 매개하는 현실적이고 구체적인 원리이다. 헤겔은 자기의식의 발전과정을 다룬 『정신현상학』의 '자기의식'장을 통해 한편으로는 "야만과 폭력, 그리고 부정의한 상태"인 자연상태를 벗어나 정치사회가 어떻게 가능할 수 있는지, 그리고 이러한 정치사회에서 어떻게 진정한 자유가 실현될 수 있는지를 상호인정의 개념을 통해 설명한다. 또한 인식론적인 관점에서 헤겔은 대상의 진리를 상호 주관성에 의해 매개되는 보편성을 통해 설명함으로써 진리를 오직 주체에 귀속시키는 근대의 주관주의적 관점을 벗어난다.

3. 자기의식의 자유: 스토아주의, 회의주의, 불행한 의식

헤겔은 '자기의식'장에서 "나는 나"라는 절대적인 자기 확실성 속에 있던 자기의식이 유아론적 사고를 벗어나 타인에 대한 인정과정을 거쳐 "우리인 나, 나인 우리"라는 보편적 자기의식으로 고양되는 과정을 서술한다. 그러나 보편적인 의식으로의 발전 속에서 획득하게 된 자유는 헤겔에따르면 구체적인 현실 속에서 실현되기 이전에 사유의 형식 속에서 나타난다. 자유가 표현되는 이러한 사유는 특정한 대상에 대한 사유가 아니라, 모든 대상 속에서 자신을상실하지 않고 자신 곁에 머무를 수 있는 사유의 형식, 즉사유의 개념이라 할 수 있다. 사유는 특수한 것들에 대한사유이자, 이러한 특수한 대상들 속에서 자신을 상실하지않고 자기 자신 속에 다시 귀환하며, 이와 함께 특수한 것들을 보편적인 개념 속에 포착할 수 있는 능력이다.

또한 모든 실천적인 행위를 추동하는 의지는 사유를 전제하며, 따라서 의지의 자유는 사유의 자유를 함축하고 있다. 헤겔에 따르면 인간이 자유로울 수 있는 것은 자연적충동에 따르는 동물의 삶과 달리 자신이 원하는 삶을 사유를 통해 구상할 뿐 아니라 실천적 의지를 통해 현실 속에구체적으로 실현시킬 수 있기 때문이다. 따라서 사유는 인간이 자유로울 수 있는 절대적 조건이다. 또한 사유는 모든 현실적인 구속으로부터 탈피하는 것을 가능하게 할 뿐 아니라 현실과 상관없이 주관적인 세계 속에서 자유를 만끽하는 것을 가능하게 한다. 따라서 자유로운 자기의식은 사유하는 자기의식이며, 자기의식이 획득한 자유는 우선적으로 사유 속에서 표출된다. 헤겔은 자기의식이 보편성으로 고양됨으로써 진정한 자유에 도달하게 되는 과정을, 즉 자기의식의 진리를 서술한 다음에, 이러한 자기의식의 자유가 순수한 사유 속에서 구체적으로 표현되는 세 가지 유형인 금욕주의적 자유와 회의주의적 자유, 그리고 불행한 의식 속에 나타난 자유를 다루고 있다. 구체적인 현실 속에서 진정한 자유를 실현하지 못한 채 사유의 형태로 나타난 자유의 세 가지 유형은 세계의 정신사 속에서 스토아주의로, 회의주의로, 혹은 기독교적 의식으로 표현되기도 하였으며, 현실에서 자유가 실현되지 않을 때 현실세계로부터 사유의 세계인 내면의 세계로 도피함으로써 나타나게 되는 자유의 다양한 형태이기도 하다.

1) 스토아주의

헤겔에 의하면 스토아주의는 순수한 사유를 통해 획득되는 자유의 한 형태이다. 헤겔은 스토아주의를 통해 금욕주의적 자유를 서술하고 있는데, 금욕주의적 자유는 현실에 존재하는 것들로부터 자신을 완전히 분리한 채 사유하는 자기 자신에게로 복귀함으로써 획득하는 자유이다. 서양의 정신사에서 '스토아주의'로 나타났던 금욕주의적 자유는 현실 속에 있는 다양한 욕망들과 감정들을 사유를 통해 제압함으로써 오직 사유 속에서 자유로우며, 현실에서의 다양한 구별들, 즉 왕의 위치에 있거나 혹은 노예의 위치에 있는 구별들을 무의미한 것으로 규정한다. 금욕주의자들은 현실세계 속에 나타나는 예속관계를 —그러한 예속관계가 물질에 의해서 야기되든, 혹은 감정이나 욕망에 의해서 야기되든 간에— 사유의 힘에 의해 제거하고, 오직 순수하고 보편적인 사유 속에 칩거함으로써 진정으로 자유로울 수 있다고 믿으며, 사유 속에서의 자유만이 유일하게 가치 있는 것으로 이해한다.

금욕주의자들은 결국 자신의 내면세계인 사유 속에만 머

물러 있음으로 인해 현실세계는 자신과 아무런 상관이 없는 듯이 무관심하게 방치한다. 따라서 그들이 자유롭게 느끼는 사유는 어떠한 구체적인 내용이 없는, 순수한 사유의 형식일 뿐이다. 그러나 인간은 행동을 통해 자신을 표현할 수밖에 없으며, 이러한 행동에는 구체적인 삶의 내용들을 필연적으로 함축하게 된다. 즉 사유는 무엇이 선이고 무엇이 참이어야 하는지에 대한 구체적인 내용을 지녀야 하지만, 순수한 사유의 개념 속에 칩거하는 금욕주의자들은 오직 우리의 이성 속에 참과 선이 있을 뿐이라는, 아무런 내용도 없는 공허한 주장에만 머물러 있게 된다. 또한 생명으로부터 야기되는 어떠한 내용적인 충만감도 가질 수 없는 금욕주의적 자유는 자신의 자유를 구체적인 현실 속에서 전개시키거나 확장시킬 수도 없으며, 따라서 생동감도, 활기도 없는 무미건조한 추상적인 자유 속에서 권태로움만 지속시킨다.

헤겔에 따르면 이러한 금욕주의적 자유는 현실의 다양한 감정이나 욕망을, 그리고 현실세계 자체를 도외시하고, 순수한 덕과 지혜를 내세움으로써 무언가 숭고한 것을 함축하고 있는 것으로 생각되기도 한다. 그러나 이러한 덕과 지혜는 주관적인 사유로의 도피를 의미할 뿐이며, 결과적으로 현실 속에서 아무것도 할 수 없는 무능력을 나타낼 뿐이다. 따라서 금욕주의적 자유는 한편으로는 현실적인 예속으로부터 어떠한 영향을 받지 않는 사유의 우월성을 드러내 주지만 동시에 현실세계에서 자유를 실현할 수 없는 무능력을 보여 주기도 한다. 그러한 자유는 오직 현실에 대한 무감각 상태를 유지함으로써 현실의 모든 예속으로부터 초월해 있다고 믿는 허위 의식에 근거해 있다. 따라서 금욕주의적 자유는 진정한 자유의 현실과는 유리되어 있으며, 이러한 현실을 완전히 부정도 못한 채, 단순히 외면함으로써 현실과 진정한 화해에 이르지 못한다.

2) 회의주의

헤겔은 사유를 통해 표현되는 자유의 또 다른 형태로 회의주의를 서술한다. 금욕주의가 단순히 현실을 외면하고 사유 속에 안주한 것에 반해 회의주의는 이러한 사유의 형식을 극단적인 형태로까지 진행시킴으로써 현실을 철저히 부정하며, 이를 통해 비로소 진정한 자유를 획득할 수 있다고 믿는 의식이다. 헤겔에 따르면 사유는 부정할 수 있는 능력을 통해 자신의 고유한 특성을 드러낸다. 데카르트적 사유가 존재하는 모든 것을 회의함으로써 궁극적으로 부정할 수 없는 사유하는 자신을 발견한 것처럼, 사유는 현존하는 특수한 것들을 부정함으로써 보편적인 것에 도달하는 능력이기도 하다. 개념적 사유 또한 이러한 부정의 과정을 통해 비로소 가능하다. 즉 한 인간이 지닌 특수한 측면들, 여자이고, 머리가 길고, 흰 피부를 가졌으며, 키가 작다는 특수한 규정들을 제거하면 공통의 요소들만 남겨지며, 이를 통해 인간이라는 보편적인 개념이 형성된다. 회의주의는 사유가 지닌 부정하는 특성을 통해 현실에 존재하는 모든 것들을 부정함으로써 사유 속에서 온전히 자유를 획득하게 된다. "회의주의는 결국 금욕주의 단계에서 한낱 개념에 지나지 않았던 것의 현실적 실현이다. 다시 말해서 그것은 사상의 자유가 무엇인가 하는 데 대한 구체적인 경험이다. 이러한 자유는 그 자체가 부정적인 것이어서 스스로를 그와 같이 부정적인 것으로서 제시하지 않을 수 없다."

따라서 회의주의는 모든 것을 부정할 수 있는 사유하는 능력을 통해 현실에 존재하는 것들의 자립성을 해체시킨다. 회의주의적 의식은 삶을 구성하는 다양한 요소들, 경험적으로 인지되는 감각적 현실들, 그리고 인륜적 세계를 이루고 있는 여러 규범이나 법칙들을 무의미한 것으로 간주한다. 이러한 것들은 그 자체로 어떠한 자립성을 지니고 있지 않으며, 오직 사유하는 의식에게만 존재하는 가상에 불과하다. 회의주의자들에 따르면 인간이 자유롭지 못한 것은 이러한 가상을 실제로 현존하고 있는 것으로 착각하기 때문이다. 따라서 그들은 인간으로 하여금 이러한 가상적인 것에 가치를 부여하고 집착하는 것을 벗어나 모든 현존하는 것이 궁극적으로 무라는 것을 보여 줌으로써 비로소 자유가 가능할 수 있음을 입증하고자 한다. 즉 회의주의적 의식은 "다양한 형태로 규정된 세계의 존재를 철저하게 무화시키는 사유"이다.

회의주의는 모든 것들을 부정하는 사유의 능력에 근거해 있으며, 따라서 부정적인 사유가 회의주의의 본질을 이룬다. 회의주의자들은 이러한 사유 자체의 진리성만을 고집함으로써 금욕주의가 추구했던 주관성으로의 복귀를 더욱 철저하게 실현시킨다. 그들은 존재하는 모든 것들, 즉 모든 타자를 완전히 부정하고 궁극적으로 무화시킴으로써 절대적인 자기 확신에 도달하며, 이러한 주관적 확신을 자유로 규정한다. 헤겔은 『법철학』에서 사유의 부정성에서 야기되는 자유를 부정적 자유로 정의하며, 이러한 자유의 극단적인 형태를 "브라만"교나 "자살" 속에서 발견한다.

헤겔에 따르면 이러한 자유는 어떠한 내용도 없는 순수한 주관적 사유에 불과하므로 궁극적으로 모순에 사로잡히게 된다. 회의주의적 자유는 현실을 부정함으로써 자유를 추구하지만 결국 현실은 부정될 수 없는 자립성을 지닌 것이며, 궁극적으로 인간은 다양한 현실에 의해 규정될 수밖에 없기 때문이다. 즉 회의주의적 의식은 감각적 세계를 부정하면서 끊임없이 이 세계를 감각으로 인지하며, 인륜적 세계를 부정하면서도 다양한 인륜적 규범들을 완전히 무시할 수 없다. 따라서 회의주의는 현실적인 세계를 철저히 부정하고 자신에 대한 절대적인 확신 속에서 어떠한 것에도 흔들리지 않는 부동심Ataraxie을 유지하고 있는 듯이 보이지만 실제로는 다양한 우연적인 현실을 끊임없이 마주할 수밖에 없으며, 이러한 현실세계를 지속적으로 부정해야 하는 상황 때문에 부동심에 근거한 회의주의적 자유는 결국 불완전한 것으로 드러난다. 또한 회의주의가 도달한 절대적인 자기 확신은, 자신이 끊임없이 무화시키고자 하는 현실세계와 대립할 수밖에 없으며, 결국 회의주의는 이러한 현실세계에 대립해 있는 하나의 특수한 의식으로 전락하게 된다. 이러한 맥락에서 헤겔은 회의주의적 의식이 "자기 동일적인 의식이기는커녕 오히려 우연한 혼란과 항상 무질서를 만들어 내는 혼돈"에 사로잡혀 있다고 비판한다.

회의주의적 의식은 현실세계라는 타자의 부정을 통해서만 자신의 존재를 확신할 수 있다. 즉 현실세계라는 타자의 부정 없이 회의주의적 의식은 자신의 존재에 대한 확신을 지닐 수 없다. 따라서 회의주의적 의식은 자신이 무의미한 것으로 부정하는 현실적 세계에 궁극적으로 의존함으로써 자기 자신에 대한 절대적 확신에 도달할 수 있다. 회의주의가 처해 있는 이러한 역설적 상황은 현존하는 모든 우연적인 것들을 부정함으로써 획득하게 되는 자유롭고 완전한 자기 동일적인 사유의 세계와 여전히 존재하는 우연적인 현실세계의 분열로부터 야기된다. 물론 회의주의적 의식은 이러한 분열을 자각하지 못하며, 자신의 사유를 통해 현존하는 세계로부터 벗어남으로써 진정한 자유에 도달할 수 있다고 믿는다. 그러나 현실세계는 사유를 통해 무화될 수 없으며, 현실세계를 도외시함으로써 획득하게 된 회의주의적 자유는 결국 자신에 내재하는 모순을 드러내게 된다. 회의주의가 초래한 모순과 이중성이 자각될 때 회의주의적 의식은 불행한 의식으로 전화된다.

3) 불행한 의식

불행한 의식은 사유에 의해 야기되는 자유의 세 번째 형태이다. 헤겔이 불행한 의식으로 규정한 자유는 유태교와 함께 중세의 기독교적 교의와 의식을 암시하고 있으며, 회의주의적 자유가 자각하지 못한 사유의 세계와 현실세계, 즉 완전하고 불변하는 세계와, 불완전하고 우연적인 세계 사이의 분열에 토대를 두고 있다. 회의주의가 현실세계를 부정하고, 사유하는 행위 속에서 자기동일성과 자유를 획득하였다면 불행한 의식은 변화하는, 경험적인 현실세계와 완전한 피안의 세계를 명확히 구분하고, 피안의 세계에 도달함으로써 비로소 자유로울 수 있다고 믿는 의식이다. 회의주의적 의식에게는 단지 사유의 활동이었던 것이, 불행한 의식에게는 경험적이며 불완전한 자신이 추구해야 하는, 피안에 존재하는 절대적인 실체로 된다.

따라서 불행한 의식에게는 피안에 존재하는 본질적인 것, 즉 신의 존재와, 현실세계에 존재하는 비본질적인 존재인 자기 자신이 대립해 있다. 그에게 현실세계는 가상적인 것이며, 늘 변화무상할 뿐 아니라 언젠가 소멸되는 아무런 가치도 없는 것이다. 불행한 의식이 추구하는 궁극적인 것은 영원불멸의 존재이며 완전한 존재로서 현실세계가 아닌, 피안의 세계에 존재하는 본질적인 것이다. 불행한 의식은 이러한 피안의 세계에 도달함으로써 영원한 존재와의 통일을 모색하고 이와 함께 진정한 자유를 찾고자 하지만, 그러나 피안의 세계는 "인간이 파악해 보려고 하면 저 멀리 사라져 버리는 세계이다. 피안의 세계는 현실세계에 존재하는 인간이 도달할 수 없는 머나먼 곳에 자리 잡고 있는 세계이다."

결국 불행한 의식은 도달할 수 없는 세계에 도달하려고 안간힘을 쓸 뿐만 아니라, 영원한 세계에 갈 수 없는 이유를, 본질적인 존재이며 불변자인 신과의 진정한 통일을 이루지 못하는 것을 모두 자기 자신의 무능력으로, 죄악의 탓으로 돌린다. 불행한 의식은 금욕하면서 고행을 하는 가운데 자기 자신과 투쟁할 뿐 아니라, 피안의 본질적인 존재에 전적으로 의존함으로써, 이와 함께 자기 자신에 대한 지배력을 상실한 채 수동적인 존재로 전락하는 것이 불변자와의 통일에 이르는 길로 간주한다. 이러한 과정을 통해 불행한 의식은 궁극적으로 자신을 비하하고 자기 자신을 부인하기에 이른다. 이러한 자기 부정과 피안에 대한 절대적인 복종과 인정이 불행한 의식의 본질을 이룬다. 현실세계를 부정하고 자신의 사유를 절대화했던 회의주의와는 달리 불행한 의식은 자신의 존재를 거부하고 자신과는 전적으로 구별되는, 피안에 세계에 존재한다고 믿는 불변자와의 통일을 모색하는 것이다.

그러나 불행한 의식이 자기부정을 통해 도달한 본질적인

것, 즉 피안에 존재하는 영원불변하는 존재와의 통일은 개념적인 이해가 아닌, 단순히 감성적인 느낌을 통해서만 이루어질 뿐이다. 신의 존재를 개념적으로 파악하지 못하기 때문에 불행한 의식이 획득한 신과의 합일, 즉 통일은 단순히 '자기감정'에 지나지 않은 확신으로 간주된다. 불행한 의식은 무엇보다도 맹목적인 기도를 통해 신과의 통일을 시도하지만, 의식이 도달했다고 믿는 통일은 감각적 확신, 즉 주관적인 확신일 뿐이다. 즉 불행한 의식이 도달한 절대적인 불변자인 신과의 통일은 불행한 의식의 "분열적인 자기확신"인 것이다. 결국 의식은 영원한 존재인 신과의 진정한 통일에 이르지 못하며 "감성적인 현실세계가 펼쳐 보이는 현란한 가상의 세계와 초감성적인 피안의 공허한 세계"라는 분열적인 상황에서 끊임없이 동요하게 된다.

헤겔에 의하면 불행한 의식이 자신과 독립적으로 존재한다고 믿는 피안의 세계나 절대적인 불변자는 사실은 의식이 스스로 만들어 낸 것이다. 의식은 자신이 사유를 통해 만들어 낸 불변하고 영원한 것을 자신과 독립적인 절대자로 규정함으로써 독자성을 부여하고, 이러한 불변자에 절대적으로 의존하고 종속됨으로써 이러한 불변자 속에서 자유를 획득하고자 한다. 그러나 자신이 만들어 낸 절대적인 존재는 의식의 바깥에서 독립적으로 존재하는 것으로 간주됨으로써 절대적인 존재와의 통일은 사실은 불가능한 것이다. 불행한 의식은 영원하고 완전한 존재를 늘 동경하고 이러한 존재와의 통일을 모색하지만 그러나 이러한 존재는 자신의 존재 밖에 있기 때문에 결코 도달할 수 없는 신기루와 같은 것이다. 따라서 불행한 의식은 자기 자신으로부터 철저히 소외된 의식이며, 헤겔은 기독교적인 의식 속에 나타나는 소외된 자유를 '불행한' 의식으로 규정한다. 즉 그에 따르면 불행한 의식의 형태 속에서 자유롭고자 하는 의식이란 불변하는 절대자와의 통일을 위해 각고의 노력을 기울이면서도 결코 그러한 통일에 도달하지 못하는, 사유하는 의식의 고뇌일 뿐이다. 이제 자기의식은 사유의 보편성에서 자유를 찾는 것을 포기하고, 다시 현실세계로 복귀해 현실세계와 화해하게 되며, 이와 함께 자기의식은 이성으로 존재하게 된다. 자기의식은 현실세계를 부정하고 사유의 세계로 도피함으로써 자유를 누리는 것으로부터 벗어나 자신이 실제로 현실세계 속에 존재한다는 것을, 그리고 현실세계가 바로 자기 자신 이외의 어떤 것일 수 없다는 확신에 도달하게 됨으로써 자기의식은 이성적인 의식으로 고양된다.

4장
이 성

1. 관찰하는 이성

1) 자연의 관찰

의식은 대상 자체에서 진리를 찾고자 하는 대상의식과, 진리가 사유하는 자아에게 있다는 자기의식의 단계를 거쳐 대상세계와 자아가 진정한 동일성에 이르는 이성의 단계로 나아간다. 이성적인 의식은 사유 속에 머물러 있던 자기의식이 현실세계와의 화해를 통해 비로소 가능하게 되며, 따라서 이성은 자기 자신이 현실세계에 존재하는 모든 것의 실재라고 인지하는 의식이다. 이성에 대한 헤겔의 이러한 견해는 이성이 스토아주의나 회의주의, 그리고 불행한 의식처럼 현실세계와 사유의 세계를 분리시킴으로써 현실세계를 무가치한 것으로 도외시하지 않고, 현실세계의 실재성을 인정할 뿐 아니라 진리가 피안에 있는 것이 아니라 현실세계에 직접적으로 현존한다는 확신을 함축하고 있다.

헤겔에 의하면 자기의식이 이성이 됨으로써 자기의식이 현실세계에 지녔던 자기의식의 부정적인 관계는 긍정적인 관계로 변화한다. 자기의식에게 있어서는 자신의 자립성과 자유만이 주된 관심사였으며, 자신의 본질을 부정하는 것으로 여겨졌던 현실세계를, 그리고 자기 자신의 현실을 희생시킴으로써 자신을 구원하고 보존하고자 하였다. 그러나 자기 자신을 확신하게 된 이성으로서 의식은 현실세계나 자기 자신을 실재하는 것으로 이해하며, 자기 자신을 실재로서, 즉 모든 현실세계란 그 자신 이외의 다른 것이 아님을 확신하게 된다. 이러한 이성적 확신은 사유를 통해 현실세계를 이해할 수 있으며, 사유를 통해 포착할 수 없는 다른 세계는 존재하지 않는다는 관념론적인 입장에 근거해 있다.

헤겔은 그 당시 대상세계와 자아를 주관적 사유를 통해 통일하고자 했던 피히테나 칸트의 관념론을 모두 추상적이라고 비판한다. 헤겔에 따르면 절대적인 자아를 토대로 대상세계를 이해하려는 피히테의 "나는 나이다"라는 직관적 확신이나, 감각을 통한 대상세계의 경험을 오성적 형식을 통해 통합하려는 칸트의 시도는 기본적으로 나와 대상세계가 대립해 있다는 전제로부터 출발한다. 헤겔은 이러한 대립을 극복하고 현실세계 속에 존재하는 대상들의 서로 다른 형태들, 그리고 한 사물이 드러나는 다양한 모습들, 예를 들면 장미가 시간의 변화와 함께 묘목으로, 봉오리로, 혹은 활짝 핀 꽃으로 나타나는 모습들은 오직 이러한 변화를 추적하는 변증법적인 사유방식을 통해 명확히 인식 가능하다고 본다. 사유를 통해서 현실에 존재하는 실재세계를 파악한다는 점에서 칸트나 피히테, 그리고 헤겔의 현실세계에 대한 이해방식은 관념론이라 할 수 있다. 그러나 칸트와 피히테의 관념론이 대상세계와 대립해 있는 자아의 사유를 중요시한다는 점에서 주관적 관념론이라면 헤겔의 관념론은 사유 과정이 대상세계와의 지속적인 관계를 통해 대상세계에 대한 주관적인 확신을 벗어나 대상세계에 대한 정확한 인식, 즉 진리에 도달한다는 점에서, 이와 함께 객관적인 대상세계와 주관적인 사유의 통일을 시도한다는 점에서 객관적 관념론으로 규정된다.

칸트가 대상세계의 진리를 다루는 학문활동을 순수이성으로, 그리고 인간의 도덕적 행위를 정초하려는 시도를 실천이성으로 구분하였듯이 헤겔 또한 '이성' 장에서 자연의 세계를 인식하려는 이론이성을 '관찰하는 이성'으로, 그리고 인간의 행위와 관계하는 이성을 실천이성으로 구분한다. 그리하여 이성은 맨 먼저 현실세계를 관찰하는 모습으로, 즉 관찰하는 이성으로 등장한다. 관찰하는 이성이란 현실세계에 존재하는 사물의 본질적인 것을 드러내고자 하는데, 사물의 본질이란 다른 사물들과 구별되는, 하나의 사물에 내재해 있는 고유하고 독자적인 성질을 의미한다. 따라서 관찰하는 이성은 현실세계에 존재하는 사물에 대해 기술하고, 종을 분류하며, 자연의 법칙과 자연의 체계들을 고찰하는데, 이러한 이성의 활동은 바로 학문적인 활동으로 나타난다.

따라서 대상세계를 관찰하는 이성은 현실세계에 존재하는 자연의 사물들을 존재하는 그대로 기술하고자 한다. 이러한 기술의 방식에 의해 행해지는 학문 분야는 생물학이나 광물학, 그리고 지리학과 같은 것이며, 사물의 법칙을 관찰하는 이성은 물리학과 화학이라는 학문 분야를 통해 표현된다. 이성은 자연적 사물을 기술하는 데 있어서 감각적 경험에 의존하는데, 이때 사물은 변화하지 않고 자기 자신과 동일하게 머물러 있는 것을 전제한다. 또한 관찰하고 기술하는 이성이 지각하는 것을 단순히 기술하는 것이 아니라 학문적 성격을 지니기 위해서는 자연적 사물에서 일반적인 것, 즉 보편적인 것을 찾아내야 한다. 그러나 이성의 기술하는 활동은 감각적인 것에 얽매어 있기 때문에 자신이 기술하는 사물이 우연한 것인지, 혹은 보편적인 성격을 지닌 것인지 알아낼 수가 없다. 또한 이성은 자연적 사물을 종種과 유類와 같은 생물학적 위계질서에 따라 분류하지만, 단순히 기술하는 행위를 통해 무한히 다양한 사물들을 명확히 분류하는 행위는 결국 한계에 부딪히게 된다.

따라서 관찰하는 이성은 더 이상 감각에만 의존하지 않

고 각각의 사물들을 서로 구별해 주는 사물의 고유한 징표들을 발견하고자 한다. 이러한 징표들은 한 사물이 다른 사물들과 구별되는 독자성과 고유성을 드러내 주는 것으로서 사물에 내재한 본질적인 것이라 할 수 있으며, 이러한 본질적인 것에 대한 포착은 오직 관찰하는 이성에 의해서만 가능하다고 할 수 있다. 이성은 본질적인 것과 비본질적인 것들을 구분하고 사물이 변화하는 과정 속에서도 변함없이 사물에 내재하는, 그리하여 사물의 고유한 독자성을 나타내는 본질적인 것들을 추적해 낸다. 그러나 이성의 이러한 활동은 오로지 다른 사물과의 관계 속에서만 존립이 가능한 존재들에 의해 혼돈에 직면하게 된다. 즉 하위단계에 있는 자연적인 사물은 자기동일성을 유지하지 못한 채 오직 다른 사물들과의 관계 속에서만 존립이 가능하기 때문이다. 헤겔은 생명체를 예를 들어 설명하는데, 그에 의하면 동물은 능동적으로 자신을 유지하며 자신의 자립성을 확보하지만, 식물은 수동적으로 외부 세계와 관계하므로 자립적으로 자신을 보존할 수 없다. 또한 식물보다 더 하위 단계에 있는 생명체들은 다른 사물들과의 관계 속에서 흡수

되거나 소멸되어 버리기 때문에 독자성을 지니지 못한다. 이러한 사물들은 규정 자체가 불가능하며, 따라서 이성은 분류하고, 종차를 구분하는 활동으로부터 벗어나 법칙을 발견하는 활동으로 이행하게 된다.

관찰하는 이성은 사물의 고유성을 나타내는 사물의 징표들이 자립적인 것이 아니라 결국은 소멸되는 것으로 파악함으로써, 감각적 경험을 넘어서는 보편적인 법칙을 추론해 내고자 한다. 즉 법칙은 모든 감각적인 것들을 배제할 수 있는 이성의 작용을 통해 비로소 명확히 드러난다. 특히 자연과학적인 실험은 이성이 감각에만 의존하는 것으로부터 벗어나 사물들 사이의 관계를 규정하는 법칙의 발견을 가능하게 한다. 그러나 실험을 통한 법칙의 유추가 항상 보편적으로 타당한 것은 아니다. 경험적인 실험에 근거한 법칙은 결과적으로 확률에 따라 결정되기 때문에 항상 보편타당성을 요구하는 진리와는 구분된다. 또한 감각적으로 경험할 수 있는 자연적인 사물이 지닌 고유한 성질은 법칙과는 무관한 것으로 나타난다. 예를 들면 돌을 지면에서 들어 올린 다음, 거기서 손을 떼면 돌은 낙하하게 마련이며,

반복적 실험을 통해 동일한 결과가 추론될 경우 낙하의 법칙을 추론해 낼 수 있다. 그러나 이러한 낙하의 법칙에는 돌이 지닌 고유한 속성은 아무런 의미가 없으며, 사과나 나무, 혹은 무게를 지닌 어떠한 사물에도 돌과 동일하게 낙하의 법칙이 적용될 수 있다. 즉 어떠한 속성을 지닌 고유한 사물이 아닌, 무게를 지닌 모든 물질은 낙하의 법칙에 지배된다고 할 수 있다. 결국 이성은 감각적인 사물을 지배하는 보편적인 법칙을 탐색하고자 하는데, 이러한 법칙을 이루는 구성요소는 고유한 성격을 지닌 구체적인 감각적 사물이 아닌, 단순한 물질일 뿐이다.

또한 이성이 자연적인 사물의 세계에서 새로운 진리로 찾아낸 법칙은 유기체에게는 적용되지 않는다. 유기체는 공기나 물, 흙과 같은 무기적 자연과 관계를 맺으면서 자신의 독자성을 유지해 나가는데, 이 둘의 관계는 항상 엄격하게 법칙에 의해 지배되는 것은 아니다. 이 둘의 관계에 있어서 법칙이 존재하더라도, 한쪽이 다른 쪽에 지대한 영향을 미친다는 정도일 뿐이다. 예를 들면 새는 하늘을 나는 것이 보편적이지만, 그러나 타조처럼 하늘을 날지 못하고 지상에 존재하는 유기체 중에는 조류의 특성을 지닌 것도 있기 때문이다. 헤겔은 이러한 유기체를 지배하는 가장 중요한 원칙은 자기보존이라고 규정한다. 즉 유기체는 타자와의 관계를 통해 끊임없이 자기 자신을 산출하며, 이러한 자기 산출의 활동은 개별적인 유기체나 유의 자기보존이라는 궁극적 목적을 향해 있다. 그러나 유기체가 개체로서, 혹은 유로서 자기보존을 위해 행하는 구체적인 내용은 유기체에 따라 각각 다르게 나타나므로, 자기보존을 위한 유기체의 활동으로부터 어떠한 보편적인 법칙을 끌어낼 수는 없다. 관찰하는 이성은 자연적인 사물에서 보편적인 진리를 발견하지 못하며, 결국 유기적인 자연에 대한 관찰을 떠나서 인간적인 자기의식의 관찰로 이행하게 된다.

2) 순수한 상태에 있는 자기의식과 외적인 현실에 관계하는 자기의식의 관찰: 논리학적인 법칙과 심리학적인 법칙

자연에서 법칙을 발견한다는 것은 궁극적으로 사유의 활동, 즉 의식의 활동이다. 불변의 진리로서 자연에서 어떤

원리, 즉 법칙을 발견하고자 하는 시도는 철학의 역사 속에서 오랜 시간동안 철학적 사유의 중심적인 내용을 이룬다. 고대의 많은 철학자들은 이러한 원리를 자연 자체에 내재해 있는 것으로, 그리하여 자연 자체 속에서 찾으려 하였지만, 헤겔은 이러한 원리가 궁극적으로 사유의 활동임을 드러내고자 한다. 관찰하는 이성은 자연적인 사물의 진리를 사유를 통해 포착해 가는 과정이며, 이성이 자연 속에서 발견하는 법칙은 결국 사유의 법칙인 것이다. 헤겔은 자연의 관찰을 거쳐 인간에 대한 관찰을 진행하는데, 이러한 관찰은 우선적으로 인간에 내재해 있는 사유의 법칙과 더불어 인간이 외적 현실과 관계하는 행위를 통해 추론할 수 있는 심리학적인 법칙으로 나타난다.

헤겔에 의하면 자연적인 사물의 관찰에서 드러났던 법칙은 사물의 실재 내용을 배제함으로써 만들어진 형식적인 보편자라고 할 수 있다. 따라서 이러한 법칙은 실재하는 사물의 내용을 담아내지 못한다. 헤겔은 관찰하는 이성이 추구했던 자연적인 사물의 법칙과 동일한 오류가 그 당시 지배적인 사유의 법칙이라 할 수 있는 논리학에서 발견되는 것을 지적한다. 전통적으로 형식 논리학이라고 불리는 사유의 법칙은 의식의 통일성을 나타낼 뿐이며, 실재하는 세계의 외부에 존재함으로써 어떠한 실재성도 지닐 수 없다. 결국 이러한 사유의 법칙은 실재하는 세계의 내용을 담아내는 사유의 운동 속에서 소멸될 뿐이다. 헤겔은 이러한 사유의 운동을 나중에 출판된 자신의 『논리학』에서 상세히 논하고 있다. 『정신현상학』에서는 사유의 법칙을 다루는 전통적인 형식 논리학이 지닌 한계를 사유의 운동이라는 개념을 통해 비판하고 있을 뿐이다. 이와 함께 관찰하는 이성은 논리학적인 사유의 법칙에 의존해 있는 사유하는 의식에 대한 관찰을 벗어나, 행위하는 의식을 관찰한다.

행위하는 의식에 대한 이성의 관찰은 심리학으로 표현된다. 이성은 심리학적인 법칙에 따라 행위하는 인간의 의식을 파악하고자 한다. 그리하여 심리학적인 관점에서 관찰하는 이성은 개인들의 다양한 행위를 규정하는 법칙을 찾아내며, 관찰심리학은 개인의 행동양식에 나름의 법칙을 부여하려는 이론적 작업이다. 헤겔에 따르면 개인들의 행위는 현실세계와 개인의 주체적인 의식이라는 두 가지 사실에 의해 규정된다. 즉 개인들은 기존의 관습이나 도덕 그리고 사고방식과 같은 기존의 현실들을 수동적으로 받아들이는 방식으로 행위하기도 하며, 동시에 자신의 기호나 정열에 따라 세계를 스스로 만들어 내는 능동적이며 주체적인 태도를 취하는 행위를 하기도 한다. 전자는 개별적인 고유한 주체적 존재로서 개인들이 부정되며, 후자는 개인을 보편적이며 사회적인 존재로 만드는 개인들의 현실세계가 부정된다. 그리고 개인들은 기존의 환경에 순응하고 지배될 뿐만 아니라, 기존의 환경을 변화시키고 새로운 환경을 만들어 내기도 하는데, 동시에 이 둘 사이에는 무한히 다양한 개인들, 즉 기존의 세계를 수정하고자 하는, 혹은 기존의 세계와 대립함으로써 범죄를 행하는, 혹은 기존의 세계를 총체적으로 부정함으로써 혁명을 통해 새로운 사회를 만들어 내려는 개인들이 존재할 뿐 아니라, 이러한 개인들에 의해 끊임없이 변화하는 현실 속에서 다양한 개인들이 모두 함께 공존하고 있기도 하다.

관찰심리학은 현실세계와 주체적 개인을 명확히 구분하고 이 둘 사이에서 개인들의 행위를 규정하는 것이 무엇인가를 규명하고자 한다. 개인들은 현실세계를 그대로 수용하기도 하며, 혹은 현실세계의 힘이 강하게 나타나도 현실세계와 대립하여 기존의 관습이나 도덕을 무시하고, 그러한 것들로부터 어떠한 영향도 받아들이지 않을 수 있는 가능성을 지닌 존재이다. 현실세계가 개인에게 어느 정도 영향을 미치는가는 결국 개인에게 달린 문제인 것이다. 이러한 상황에서 개인의 행위를 심리학적인 법칙이나, 필연성에 의해 설명하고자 하는 이성의 시도는 공허한 것이 되어버린다. 또한 개인은 기존의 세계를 어느 정도 담지하고 동시에 자신의 주체적인 사고를 통해 자신을 새롭게 만들어가며, 이를 통해 현실세계에서 세계와 자신이 통일된 존재로 나타난다. 그러나 현존하는 세계와 주체적으로 존재하는 개인의 분열에 근거해 있는 심리학적인 법칙은 이러한 통일된 존재로서 개인을 포착할 수 없을 뿐 아니라, 이 둘을 서로 관계지을 수 있는 법칙이나 필연성을 발견할 수 없다. 따라서 이성은 주변세계로부터 영향을 받는 개인의 심리적 상태를 관찰하는 것으로부터 벗어나, 개인에게 근원적으로 주어져 있는 개인 자체를 관찰하고자 하며, 이와 함

께 행위의 결과보다는 행위 자체를 야기하는 고정된 존재
로서 개인, 즉 개인의 신체를 관찰하고자 한다.

3) 자기의식과 신체의 관계에 대한 관찰: 관상학과 골상학

헤겔은 모든 개인에게 근원적으로 주어져 있는 신체에
대한 이성의 관찰을 그 당시 유행하고 있었던 관상학과 골
상학을 통해 설명한다. 관상학은 무엇보다도 손이나 얼굴
이라는 신체를 통해 개인의 내면을 알아낼 수 있다는 것으
로부터 출발한다. 헤겔에 의하면 개인의 신체는 개인이 스
스로 만들어 내지 않은, 타고난 선천적인 소질과 기능을 지
니고 있으며, 동시에 의식을 지닌 개인이 무엇인가를 원하
고 행위하려는 것을 표현함으로써 스스로 만들어 내는 측
면을 함축하고 있다. 예를 들면 선천적으로 허약한 인간이
운동이라는 후천적인 노력을 통해 건강한 신체를 지닐 수
있다. 즉 신체는 선천적인 측면과 후천적인 측면이 통일된
형태로 존재한다. 따라서 개인의 신체는 개인의 의도와 살
아온 역사를 어느 정도 반영하게 된다. 즉 얼굴이라는 외
부로 드러나는 개인의 신체는 개인의 내면의 역사를 표현

할 뿐 아니라 그의 현재의 심정을 나타낸다고 할 수 있다. 관찰하는 이성은 주름진 얼굴을 통해 그의 힘들었던 과거를, 혹은 분노하는 표정을 통해 그가 화가 나 있다는 사실을 알아낼 수 있다. 인간은 맹목적으로 행하는 것이 아니라 특정한 의도와 소견 등 반성적 사유를 통해 행위하며, 이러한 반성이 얼굴의 표정이라는 신체를 통해 표출되는 한 신체는 가장 심층적인 내면성의 외면적 자취라 할 수 있다. 따라서 신체라는 외면을 통해 내면을 알아낼 수 있다는 관상학적인 관점은 어느 정도 타당성이 있는 것으로 여겨진다.

그러나 개인의 내면이 외면에 표출되기는 하지만, 동시에 개인은 표출되는 외면을 스스로 조작할 수 있다. 분노해 있으면서도 웃을 수 있으며, 남을 속이면서도 선량한 표정을 지을 수도 있다. 또한 이러한 조작은 지속적으로 이루어질 수 있으며, 결국 이러한 조작된 표정 또한 신체에 각인됨으로써 신체, 즉 얼굴의 표정은 내면을 그대로 드러낼 수 없는 것이 되어 버린다. 결국 개인들의 의도와 그들의 다양한 표정들 간의 대응관계는 우연적일 수밖에 없게 된다. 자신의 내면을 표현하는 표정은 자신의 내면을 전달하는 데 사용되기도 하지만, 그러한 내면을 은폐시키는 데 사용될 수도 있다.

관찰하는 이성은 관상학이 지닌 한계 때문에 더욱더 근원적인, 의식에 의해 임의로 조작이 불가능한 신체에 대한 관찰을 통해 행위의 보편적인 법칙을 찾아내고자 한다. 이러한 이성은 골상학으로 표현되는데, 골상학은 나름의 과학적인 고찰에 근거해 개인의 두개골에 의해 개인의 행위의 원칙을 알아낼 수 있다고 주장한다. 그러나 두개골은 순수한 사물에 지나지 않는다. 그럼에도 불구하고 골상학은 이러한 사물 속에서 인간의 모든 행위를 추론해 낼 수 있다고 주장한다. 골상학은 개인들이 지닌 다양한 성향이나 소질들을 두개골의 부위들에 대응시켜 두개골의 형태나 부위들의 특징에 의해 이러한 성향들이 생겨난다고 주장한다. 예를 들면 살인자의 두개골에서 혹이 발견되는 경우가 많았다고 한다면 골상학은 이러한 혹이 살인하는 행위를 야기시킨 원인이라고 주장한다. 그러나 두개골에 혹이 있는 자가 살인자가 될 확률은 그야말로 통계적인 확률적인 문제이며, 그들 사이에는 어떠한 필연적인 연관관계도 존재할 수 없다. 또한 살인자는 추상적인 존재가 아니라 구체적인 현실적인 존재이며, 그러는 한에 있어서 다양한 경험과 역사를 지닌 존재이다. 살인하는 행위를 살인자가 경험해 온 여러 가지 역사와 소질들을 무시하고 오직 두개골의 혹에서 찾으려는 이러한 시도는 행위를 야기하는 다양한 요소들 중에 임의적으로 하나의 요소를 추론해 냄으로써 오직 이것만이 타당하다고 주장하는 오류를 함축하고 있다. 결국 인간의 행위의 동기들을 두개골이라는 단순한 물질적 요소에서 찾으려는 이러한 골상학적인 시도는 "외면은 내면을 표현해야 한다"라는 사실 이외에 어떠한 것도 구체적으로 설명해 주지 못한다. 그리하여 이성은 자신의 존재 속에서 자신을 발견하고자 하는 시도들을 벗어나, 스스로 자신을 세계에 정립하고자 한다. 이와 함께 관찰하는 이성은 행위하는 이성으로, 행위를 통해 자신을 현실에 실현하고자 하는 실천적인 이성으로 나아간다.

2. 이성적인 자기의식의 자기실현

1) 쾌락과 필연성

관찰하는 이성이 자신을 존재로서 인식하고 자연적 세계의 진리를, 그리고 자신의 존재에 대한 진리를 추구했다면, 이제 "이성적인 자기의식의 자기실현"에서 이성은 자신이 세계를 산출하는, 즉 자기 자신을 실현함으로써 현실세계를 만들어 내는 행위하는 자기의식으로 나타난다. 관찰하는 이성에서는 자연의 존재와 자기 자신의 존재가 중심적인 주제였다면, 행위하는 이성으로서 자기의식에게는 자신이 만들어 낸 세계, 즉 사회적인 현실세계로서 인간들 사이의 질서가 중요한 관심사로 등장한다.

행위를 통해 현실세계에서 자신을 실현시키고자 하는 이성은 이미 현존하는 세계를 자신이 실현하고자 하는 세계와는 다른 세계로 이해한다. 이성은 독자적으로 이 세계를 구축하고자 하며, 따라서 자신이 구축하고자 하는 세계와 다른 현존하는 세계를, 그리고 이러한 세계가 의존하고 있는 관습이나, 생활상의 법칙 그리고 지식이나 이론들을 경멸한다. 이성은 오직 자신의 사유를 매개로, 자신이 설정한 목적을, 그리하여 자신의 독자적인 세계를 실현하고자한다. 따라서 자신의 것이 아닌 다른 것, 즉 현존하는 세계는 이성에게 부정적인 가치를 지닌 것이다. 헤겔은 괴테의 『파우스트』에 나오는 구절을 인용함으로써 자신을 실현하고자 하는 이성이 처한 상황을 구체적으로 보여 준다: "지성이나 학문을, 인간이 누리는 최고의 선물을 경멸한다. 악마에게 몸을 내맡긴 이상 파멸로 다다를 수밖에 없느니라."

헤겔은 현존하는 세계를 거부하고 독자적인 세계를 구축하려는 이성이 맨 먼저 추구하는 것을 쾌락으로 규정한다. 이성적인 자기의식 또한 생명을 지닌 존재이며, 욕구의 충족이나 쾌락의 향유 그리고 행복은 바로 이성적인 자기의식에게 자신의 자립성과 독자성을 가능하게 해 주는 근원적인 욕망이다. 따라서 이성적 자기의식의 최초의 자기실현은 바로 이러한 욕구의 충족을 통한 쾌락으로 표현된다. 헤겔이 '자기의식'장에서 '나'라는 자신을 의식하게 한 최초의 계기를 생명으로부터 야기되는 욕구로 규정하였듯이, 자신을 현실세계 속에 실현하고자 하는 이성적인 자기의식 또한 현실세계에서 자신의 욕구를 실현하고자 한다. '자기의식' 장에 등장하는 최초의 자기의식이 무의식적으로, 즉 생명이라는 힘에 이끌려서 자신의 자연적 욕구를 충족하고자 했다면, 이성적인 자기의식은 자신의 욕구를 충족시키는 것이 현실세계 속에서 자신의 독자성을 확립하고 자신의 방식으로 세계를 구축하는 것으로 이해하며, 이와 함께 현실세계에서 욕구를 충족시키는 것을 자신의 구체적인 목적으로 삼는다.

그러나 이성적인 자기의식은 욕구를 충족하고자 하는 목적을 실현하려는 순간 자신의 독자성을 상실하게 되는 모순에 직면하게 된다. 욕구의 충족은 독자적으로 이루어질 수 없으며, 다른 자기의식과의 통일을 필연적으로 함축하고 있기 때문이다. 결국 이성적인 자기의식은 욕구의 실현을 통해 자신의 독자성과 자립성을 포기하고, 자신을 타자와의 통일 속에 존재하는 보편자로 정립하게 된다. 이성적인 자기의식에게 세계는 이제 자신만의 세계가 아니며, 타자와 함께하는 보편적인 세계 속에서 이성적인 자기의식의 독자성은 소멸된다. 따라서 이성이 충족하고자 했던 욕구와 향유하고자 했던 쾌락은 이성적인 자기의식에게 독자성과 자립성을 지니게 하는 긍정적인 의미뿐 아니라 자신을 지양하지 않으면 안 되는 부정적인 의미를 동시에 지니게 된다.

욕구의 충족 속에서 드러나게 되는 이성적 자기의식의 독자성의 정립과 독자성의 상실은 이성적 자기의식에게는 모두 필연성으로, 그리고 자신이 거역할 수 없는 운명으로 나타난다. 이러한 필연성은 이성적 자기의식이 자신의 독자성을 세계에 정립하는 첫 번째 계기인 욕구의 실현이 생명이라는 필연성으로부터 야기되며, 또한 이러한 욕구가 오직 타자와의 통일에 의해서만 실현된다는 필연성이다. 따라서 생명과 타자는 스스로 세계를 산출하고자 하는 이성적 자기의식이 거부할 수 없는 운명이기도 하다. 그러나 자신을 실현하려는 이성적 자기의식에게 이러한 필연성은 생소할 수밖에 없으며, 자기의식은 욕구를 충족하려는 자신의 목적과 이러한 필연성을 매개하려고 한다. 헤겔에 의하면 이러한 매개는 자신의 목적과 행위를 운명 속에서, 그리고 자신의 운명을 자신의 목적과 행위 속에서, 즉 운명의 필연성을 자신의 고유한 본질로 인식할 때 가능하다. 헤겔에 의하면 이러한 인식은 단순히 쾌락을 추구하는 감정에 의해서가 아니라, 반성적 사유에 의해서만 가능하며, 이와 함께 쾌락을 실현하고자 하는 이성은 반성적 사유를 매개로 이러한 필연성을 자신의 내면으로 받아들이는 자기의식으로 이행한다.

2) 마음의 법칙과 자만의 망상

앞 장에서 나타난 것처럼 이성은 쾌락의 추구를 통해 자신을 현실세계에 실현시키려 하지만, 궁극적으로 타자와의 통일 속에서 자신을 부정해야 하는 필연성의 감정에 도달하게 된다. 그러나 이제 이성적 자기의식은 이러한 경험을 거쳐 필연성을 자신의 내면으로 받아들인다. 자기 자신을 현실세계에 실현하고자 하는 쾌락주의적인 자기의식과 자신의 독자성의 정립을 부정하는 필연적인 운명과의 대립 속에 있었던 이성적 자기의식은 반성적 사유를 통해 필연성을 받아들이며, 이 둘 사이의 대립을 지양한다. 개인들에게 욕구를 야기하는 생명 자체는 누구에게나 공통의 것이라는 점에서 보편적인 성격을 지니고 있다. 이성은 자신의 욕구를 충족하고, 쾌락을 향유하며 행복하고자 하는 자신의 욕망이 타자를 매개로 가능할 뿐 아니라 모든 개인들에게, 즉 인간에게 보편적으로 필연적인 욕망임을 알게 된다. 따라서 생명과 욕구의 충족은 모든 인간에게 동일한 보편적인 것이며, 그러는 한에 있어서 욕구를 충족시킨다는 것은 개인적인 차원을 넘어 하나의 보편적인 법칙이라 할 수 있다.

이성적인 의식은 개인적인 쾌락의 추구를 넘어 보편적인 쾌락을 추구하며, 보편적인 쾌락의 추구를 필연적인 법칙으로 자각하게 된다. 헤겔은 의식의 이러한 자각을 "마음의 법칙"으로 규정한다. 의식의 자각은 아직 현실에서 실현된 것은 아니며, 오직 내면에서 자신이 만들어 낸 법칙을 자신이 실현해야 할 목적으로 정립한다는 것을 의미한다. 그러나 이러한 법칙이 의식의 내면으로부터 구축되어 있는 한 현실의 법칙과는 대립해 있을 수 있으며, 실천하는 이성으로서 의식이 이러한 마음의 법칙을 현실에 실현하려고 하면 현실의 법칙과 갈등을 일으키게 된다. 그러나 이성은 보편적인 쾌락이 인류의 복지를 구현하는 것이며 자신의 쾌락추구는 개인적인 차원을 벗어나 보편적인 성격을 지닌 것이기 때문에 자신의 쾌락추구는 법칙일 뿐만 아니라 모든 인간이 쾌락을 추구해야 한다는 인류의 보편적인 법칙과 일치하는 것으로 이해한다. 따라서 이성적인 자기의식은 모든 인간의 쾌락이 추구되어야 하는 자신의 마음의 법칙을 실현하고자 하며, 이러한 것이 실현되지 않는 현실세계를 극복하고 현실세계로부터 오는 고통을 제거하는 것을 자신의 목적으로 삼는다.

그리하여 이성은 마음의 법칙을 현실 속에서 실현시키는데 성공하기도 하는데, 이런 경우 마음의 법칙이 현실의 법칙, 즉 현실에서 통용되는 보편적인 질서가 된다. 사실 현실에 보편적인 질서로 존재하는 법칙은 어느 날 갑자기 하늘에서 떨어진, 개인적인 의식과는 전혀 상관없이 만들어진 것이 아니라 개인들이 스스로 만들어 낸, 즉 개인이 자신의 이성에 근거해서 정립한 마음의 법칙이 현실에서 실현된 것이기 때문이다. 그러나 헤겔에 의하면 마음의 법칙이 현실에서 실현되는 순간 더 이상 현실에 존재하는 법칙은 마음의 법칙이 될 수 없다. 현실을 지배하는 법칙은 보편적인 권력이 되어 오히려 개인의 마음과는 동떨어지게 되거나, 혹은 개인이 자신의 개별성을 벗어나 공적인 존재로 변화함으로써 현실의 법칙을 더 이상 자신의 내면적인 마음의 법칙으로 생각하지 않기 때문이다. 전자의 경우 개인은 자신이 만든 법칙으로부터 소외되며, 또 다시 자신의 내면의 법칙인 마음의 법칙과 현실에 존재하는 법칙은 대립하게 된다.

이성적인 자기의식에게 내재한 마음의 법칙이 현실에 존재하는 법칙과의 관계에서 겪게 되는 갈등과 비극은 한편으로는 마음의 법칙과 현실의 법칙 사이에 존재하는 일정한 괴리 때문이기도 하지만, 동시에 이성적인 의식이 현실에 존재하는 법칙을 자신이, 즉 자신의 마음의 법칙이 현실 속에서 실현된 것이라는 것을 인식하지 못하기 때문이기도 하다. 현실에 존재하는 보편적 질서는 이성적인 자기의식이 확립한 마음의 법칙과 상관없이 독자적으로 존재하는 것이 아니라 사실은 이성적인 자기의식에 의해, 즉 마음의 법칙에 의해 지속적으로 생명이 불어넣어짐으로써 가능한 법칙인 것이다. 그러나 이성적인 자기의식은 자신의 내면에 있는 마음의 법칙만을 절대화함으로써 현실에 존재하는 보편적인 법칙 속에서 자신을 발견하지 못하며, 따라서 이러한 현실에 존재하는 법칙을 자신을 억압하는 낯선 법칙으로만 간주한다.

결국 마음의 법칙과 현실에 존재하는 법칙이 모순되고 대립될 때, 그리고 마음의 법칙을 현실에 실현하려고 하지만 현실에서 받아들여지지 않을 때 자신의 내면과 현실적인 존재 사이에서 이성적인 의식은 극심한 혼돈에 빠지게 된다. 현실적인 법칙에 지배되는 자신의 존재와 이러한 현실적인 법칙을 거부하고 자신의 마음의 법칙을 실현하고자 하는 의식은 때로는 현실의 법칙을, 때로는 마음의 법칙을 오가면서 궁극적으로 자기분열에 빠지게 된다. 이성적인 의식은 자신의 법칙이 받아들여지지 않는 현실을 부정하고 거부하지만, 보편적인 질서가 지배하는 현실에 존재할 수밖에 없으며, 이러한 모순이 극단화될 때 이성적인 자기의식은 현실세계의 질서와 이러한 질서를 만들어 내었다고 믿는 폭군, 혹은 이러한 질서를 따르는 인간들에 대해 분노함으로써 자신을 점차로 광기에 몰아넣는다.

그러나 헤겔에 의하면 현실에 존재하는 보편적인 질서, 즉 법칙은 이성적인 자기의식이 자신의 내면에 정립한, 그리고 현실에 실현시키려고 하는 마음의 법칙에 의존하고 있으며, 궁극적으로 모든 개인들의 마음의 법칙이 현실세계에 표현된 것이라 할 수 있다. 또한 마음의 법칙은 모든 개인들의 행복을 실현해야 한다는 보편성을 담지하고 있다. 그러나 보편성을 담지하고 있는 이러한 마음의 법칙은 궁극적으로 개별성에 의존해 있기 때문에 각각의 개인에 따라 다르게 정립될 수 있다. 따라서 한 개인이 자신의 마음의 법칙을 현실에서 실현하고자 하면, 마음의 법칙을 품고 있는 또 다른 개인과 충돌이 야기될 수 있으며, 각각의 개인들이 자신의 법칙을 현실에 실현하고자 할 때 현존하는 공동체는 "만인의 만인에 대한 저항과 투쟁의 장"으로 변하며, 결국 모든 개인들은 파멸에 이르게 된다. 즉 자신의 마음의 법칙에만 의존하는 절대적인 자기주장은 절대적인 자기 파괴로 귀착되고 만다.

이성적인 자기의식이 자신의 내면에 보편성을 담지한 마

음의 법칙을 확립하고 이러한 것을 실현하려고 하는 것은 그 자체로 보면 선이라 할 수 있다. 그러나 각각의 개인들이 마음의 법칙으로 정립한 것을 절대화하고, 이것을 현실에 실현하고자 할 때 개인들의 갈등은 필연적이게 된다. 따라서 "만인의 만인에 대한 저항과 투쟁의 장"으로부터 벗어나 안정된 현실세계 속에서 현존하기 위해서 이성적인 자기의식은 자신의 개별성에 대한 집착으로부터 벗어나야 한다. 모든 인간이 쾌락을 추구한다는 보편성을 오직 자신의 내면인 마음의 법칙으로만 정립했던 이성적인 자기의식은 구체적인 현실세계에서 이러한 보편성을 실현해야만 한다. 현실세계에서 보편성의 실현은 이성적인 자기의식이 자신의 개별성에 대한 집착으로부터 벗어나 자신을 보편적인 존재로 변화시킴으로써, 즉 덕성을 지니게 됨으로써 가능하다. 이와 함께 마음의 법칙을 정립한 이성적인 자기의식은 덕성을 실현하는 의식으로 이행한다.

3) 덕성Tugend과 세계행로Weltlauf

헤겔에 의하면 덕성으로서 이성적인 의식은 자신의 개

별성을 지양하고 자신을 보편적인 존재로 정립한다. 따라서 덕성으로서 의식에게는 보편적인 법칙만이 본질적인 것이며 이러한 법칙을 정립하는 개별성은 지양된다. 헤겔은 덕성에 전제되는 이러한 개별성의 지양을 도야라는 개념을 통해 설명한다. '자기의식' 장에서 노예가 자신의 노예성을 극복하고 보편적인 자기의식으로 고양되는 과정은 도야를 통해 가능했다. 도야는 자신이 정립한 법칙만을 실현하려는 '마음의 법칙'으로서 이성적인 의식이 자신의 개별성을 벗어나 자신을 보편적인 존재로 고양하는 데 있어서 여전히 중요한 의미를 지닌다. 헤겔에 있어서 도야는 개인의 의식과 행위를 외적인 강제와 내적인 자율성에 근거해 보편적인 것으로 만들어 내는, 즉 자연적인 상태로부터 벗어나 인륜적인 것을 가능하게 하는 핵심적인 개념이라 할 수 있다. 덕을 갖춘 인간은 혹독한 자기 도야의 과정을 거쳐야 하는 것처럼, 덕성으로서 이성적인 의식은 이러한 도야의 과정을 전제한다.

개별성에 대한 집착으로부터 벗어난, 도야된 의식으로서 덕성은 보편적인 법칙만을 본질적인 것으로 이해한다.

덕성으로서 이성적인 의식은 본인이 이러한 법칙을 만드는 주체이지만, 이러한 법칙에 함축되어 있는 자신의 개별성의 요소를 제거함으로써 오직 현실에 존재하는 보편적인 질서로서 법칙이 현실을 지배하고 있다고 믿는다. 그러나 이러한 보편적 질서는 덕성을 통해 실현되지는 않는다. 보편적 질서를 실현한다는 것은 개별성의 의식을 지닌 개인의 행위를 통해 가능한데 덕성은 실천적인 행위의 동력인 개별성을 지양해 버렸기 때문이다. 그런 의미에서 덕성으로서 이성적 의식은 보편적인 법칙을, 자신이 추구해야 하는 신념으로만 받아들이는 정태적인 의식이라 할 수 있다.

보편성으로 고양된 덕성이 정태적인 데 반해 현실세계 속에서 보편적인 질서가 실현되는 과정은 세계행로이다. 이러한 세계행로는 개별성에 의해서 움직여질 뿐 아니라, 각각의 개인들이 자신의 쾌락과 행복을 추구하는 장으로, 그리고 파멸에 이르는 장으로서 존재하며, 이러한 경험을 통해 개인들이 보편성을 자각해 나가는 과정이기도 하다. 세계행로에도 보편적인 질서와 법칙이 존재하지만 쾌락을 추구하는 개인들에게 이러한 보편성은 개인들의 행위를 제약하는 법칙으로서 형식적인 필연성일 뿐이다. 또한 세계 행로의 주체가 개별성에 근거해 있는 개인인 한, 세계행로 는 현존하는 보편적 질서를 파괴하려는 개인들을 필연적 으로 함축한다. 물론 세계행로에 나타나는 보편적인 질서 는 이러한 개인들에 의해 쉽게 무너지지는 않으며, 비록 개 인들에게 형식적이지만 개인들의 행위를 강제하는, 그리고 서서히 개인들의 의식에 침투하는 필연성으로 나타난다.

결국 보편성에 근거해 있는 덕성으로서 의식은 개별성을 원리로 하는 세계행로를 자신과 대립해 있는 것으로, 그리 고 자신이 지향하는 공동의 선에 대립해 있는 것으로 간주 한다. 그리하여 덕성으로서 의식은 개별성에 의존해 있는 세계행로를 비판함으로써 자신을, 자신이 추구하는 본질적 인 선을 관철시키고자 하지만 결국 실패한다. 공동의 선이 라는 것은 덕성으로서 의식에서처럼 추상적으로 지향해야 할 하나의 이상이 아니라 현실 속에서 행위하는 개인들에 의해 구체적으로 실현되어져야 하는 현실적인 선이기 때문 이다. 따라서 개체성을 지양함으로써 선을 구현하고자 하 는 덕성은 결국 실패할 수밖에 없으며, 덕성이 목적으로 삼

는 현실에 존재하는 것과 대립하는 본질적인 선은 추상적
일 뿐만 아니라, 현실에는 존재하지 않는 이상으로만 머물
러 있을 뿐이다.

헤겔에 의하면 세계행로가 의존하고 있는 개인이야말로
현실을 움직이는 궁극적인 원리이자 본질적인 선을 실현하
는 구체적인 힘이다. 또한 덕성으로서 의식이 추구하였던
공동의 선은 추상적인 것이 아니라 개인들에 의해 생명이
불어넣어져 현실세계에 나타나야 하는 구체적인 것이다.
오직 개인들의 행위에 의해서만 보편적인 것은 현실적으로
존재할 수 있을 뿐이다. 개인들은 자신의 쾌락과 행복을 위
해서만, 즉 개별성의 원리에 따라 이기적으로만 행위하는
듯이 보이지만, 이러한 행위에는 본질적인 선을 실현해 나
가는 공동의 선을 내재하고 있다. 개인의 행위에 공동의 선
이 존재하지 않는다면 개인들의 이기적인 목적은 실현될
수 없기 때문이다. 따라서 이러한 개인들에 의존해 있는 세
계행로에는 개인의 보편성이 깃들여져 있으며, 선이 함축
되어 있는 것이다.

3. 절대적인 실재성을 획득하는 개인

1) 정신적인 동물의 왕국과 기만 혹은 사태 그 자체

헤겔은 세계행로가 자신의 이상과 배치된다는 이유로 세계행로를 비판하는 덕성의 한계를 서술하고, 세계행로를 가능하게 하는 개인의 행위를 새로운 이성의 원리로 제시한다. 앞 장에서는 개인이 자신의 행위를 통해 실현하고자 했던 것들, 즉 쾌락과 보편적인 쾌락, 그리고 덕성이 현실세계와 대립해 있었다면 이제 이성적인 의식은 자신이 현실존재임을 자각한다. 이성적인 개인은 행위를 통해 자신과 세계를 매개함으로써 세계와 일체감 속에 존재한다. 즉 이성적인 개인은 세계이며, 세계는 바로 그 자신인 것이다. 세계와 자신의 통일을 가능하게 하는 행위의 목적은 개인에게 있어서 자신의 내면적인 것을 표현하거나 드러내는 것이다. 따라서 행위란 개인의 진리로서, 그리고 개인의 구체적인 모습으로서 현실성을 지니게 된다. 행위를 통한 개인의 이러한 자기표현이 세계를 구성하며, 이성적인 의식으로서 개인은 이러한 행위를 통해 자신이 절대적으로 실재하고 있음을 확신한다.

헤겔에 의하면 행위를 통해 세계를 만들어 내는 개인은 고유한 특성을 지닌 개별자이다. 그가 자신을 행위로 표출하기 이전에 그는 이미 다른 개인들과 구별되는 근원적인 본성, 즉 특수한 능력이나 재능, 혹은 성격 등을 자체 내에 지니고 있다. 이러한 본성은 개인이 타고난 것이며, 개인이 선택한 것도 아니고 초월할 수 있는 것도 아니다. 개인은 이러한 특성들에 의해 어느 정도 규정되어 있지만, 행위하는 데 있어서 근본적인 토대가 되는 이러한 본성은 행위 자체를 제약하는 요인이 되지는 않는다. 행위는 오직 타자와의 관계에 의해서만 제약되며, 근원적인 행위는 오직 자기 자신과의 관계에 의해서만 이루어진다. 즉 개인은 타고난 자신의 본성을 토대로 자기의 모습을 전개하며, 자신과의 순수한 교류 속에서 자기를 실현한다고 할 수 있다. 행위는 개인으로 하여금 자신의 고유한 본성을 표출하게 하며, 따라서 행위를 통해 나타난 결과는 바로 개인의 이러한 본성일 뿐이다. 즉 개인은 행위를 통해 자신의 본성을 현실에 실현하는 것이며, 현실세계는 개인의 본성이 구체적으로 표현된 것이다.

따라서 행위는 단순한 개인의 내면에 있는 것을 외면으로 표출하게 하는 이행작용이다. 즉 행위를 통해 "개인은 단지 어둠 속에 가려진 가능성으로부터 밝은 대낮의 현실성으로, 추상적으로 잠재된 상태에서 구체적인 현존재로 순수하게 이행한다. 또한 개인은 이와 같은 대낮의 밝은 빛 아래서 자신 앞에 나타나는 것이 다만 어둠 속에 잠들어 있던 것에 지나지 않는다는 확신을 지닌다." 그러나 개인은 행위를 통해 자신의 근원적인 본성을 한꺼번에 모두 표출할 수 있는 것은 아니다. 행위의 과정은 근원적인 본성을 실현하는 과정이며, 따라서 개인은 행위를 통해 자신의 내면에 있는 본성들을 현실세계 속에 하나씩 표출해 냄으로써, 자신의 근원적인 본성을 현실세계 속에서 실현시키고, 형성해 간다. 따라서 개인의 고유한 본성과 현실세계에서 자신의 존재는 절대적인 상호침투 속에서 통일되어 있으며 이성적인 의식은 이러한 자신의 모습을 개념화한다.

그러나 개인은 자신의 행위의 결과물들을 경험하는 과정 중에 자신의 개념인 자신의 본성과 존재가 현실세계 속에서 일치되어 있지 않다는 사실을 깨닫게 된다. 행위의 결과로 나타난 작품은 개인의 본성 속에 잠재해 있던 것이 현재화한 것이다. 즉 예술가의 작품은 다른 개인들과 구분되는 예술가의 고유한 본성을 나타내 준다. 그러나 동시에 이러한 작품은 예술가의 모든 것을 드러내 주는 것은 아니다. 행위를 통해, 혹은 작품을 통해 자신을 현재화하는 개인은 특수한 형태로 표현되는 작품들과는 구별된다. 개인은 이러한 작품들이 가능할 수 있는 보편적인 토대이지만, 작품은 행위의 특수한 결과물에 지나지 않으며, 따라서 작품 속에서 개인은 특수한 개인으로만 현실화된다. 즉 개인은 다양한 능력과 소질들의 총화이지만 자신의 작품은 자신의 소질 중에 하나의 특정한 소질이 현재화한 것이라 할 수 있다.

또한 개인의 행위의 결과물이 현실세계에서 하나의 작품으로 존재하는 한, 이러한 작품은 그러한 작품을 만들어 낸 개인에게뿐 아니라 타인에게도 존재하게 된다. 타인은 이러한 결과물을 자신에게 낯선 현실로 이해하며, 이러한 작품을 밀쳐 내고 자신의 작품을 현실 속에 실현시키려고 한다. 행위의 결과로 나타난 개인들의 작품들 사이의 이러한 투쟁은 개인이 만들어 낸 작품의 의미를 변색시킨다. 그리고 한 개인의 작업의 결과는 타인의 능력이나 관심의 대상이 되면서 전혀 다르게 이해되기도 하고 쓸모없는 것으로 소멸되기도 한다. 헤겔은 개인의 내적인 본성을 표현하는 작품에 타인들이 개입되면서, 작품이 현실세계에서 마주하게 되는 이러한 운명을 이 장의 제목인 "정신적인 동물의 왕국"으로 규정한다. 행위의 결과물인 작품은 개인의 내면을 표출한다는 점에서 정신적인 것이며, 작품들과 작품들 사이에서 야기되는 투쟁은 자연적 질서에 따라 살아가는 동물들의 왕국과 유사한 형태로 드러나기 때문이다.

그리고 개인은 행위를 통해 자신의 본성을 작품 속에 표현하려고 하지만 결과물은 자신이 의도하지 않은 전혀 다른 모습으로 나타나기도 한다. 행위의 결과물로 존재하는 작품에는 우연적 요소들이 함축되어 있기 때문이다. 개인은 행위하는 데 있어서 자신이 추구했던 목적을 자신의 본성과 다르게 설정했을 수도 있으며, 결과물을 만들어 내는 데 있어서도 부적합한 수단을 사용했을 수도 있다. 또한 행운만 따라 준다면 잘못 설정된 목적이나 잘못 선택된 수단이라도 훌륭한 결과를 낳을 수도 있는 것이다. 결국 행위와 존재의 통일로부터 출발했던 개인은 행위 결과물에서 자신의 행위와 존재가 대립되어 있음을 경험하게 된다. 그러나 행위의 결과물 속에 나타나는 이러한 우연적인 요소는 그야말로 우연적인 것이며, 이러한 우연성이 행위 자체가 지닌 필연성을 부정할 수는 없다. 행위를 통해 자신의 본성을 현실세계에서 실현하고자 하는 개인의 목적이 행위의 궁극적인 개념을 이루고 있으며, 행위의 이러한 개념은 결과물에서 나타난 우연적 요소와 상관없이 개인에게 여전히 필연적이며 보편적인 것으로 존재한다.

헤겔에 의하면 행위가 보편적인 것처럼 이러한 행위가 실현되는 현실도 보편적인 것이다. 개인의 작품으로서 현실에 존재하는 참된 결과물은 행위와 존재의 통일로 나타나며, 이러한 참된 결과물은 모든 우연적인 요소 속에서도 자신을 관철시키는 불변의 것으로서, 현실 속에 존재하는 "사태 자체die Sache selbst"라 할 수 있다. 이러한 사태 자체는 현실세계와 개인이 상호 침투함으로써 성립하기 때문에 현실과 개인의 통일체이며, 따라서 우연한 개인적인 행위나 상황에 좌우되지 않고 존재하는 것이다. 즉 사태 자체는 헤겔에 의하면 개인의 행위가 지향했던 궁극적인 목적이라 할 수 있다. 단지 타인의 개입에 의해, 혹은 자신의 잘못으로 자신의 결과물이 소멸되기도 하고 왜곡되기도 하지만, 자신이 현실세계에 실재함을 확신하는 이성적인 의식으로서 개인은 이러한 모든 상황에도 불구하고 변함없이 이러한 현실세계에 존속하는, 자신의 참된 결과물인 사태 자체의 존재를 확신한다.

헤겔은 이러한 사태 자체를 현실에 존재하는 하나의 보편적인 틀로 규정한다. 사태 자체는 개인의 타고난 자질이나 특정한 개인의 목적과 수단, 개인의 구체적인 행위나 구체적인 현실세계의 갖가지 모습들에 의해 형성되지만, 그러나 동시에 온갖 특수한 요소들과는 무관하게 독자적으로 존재한다. 예를 들면 나폴레옹은 자유의 물결이 몰아쳤던 프랑스혁명기의 인물이며, 그는 오직 자신만이 자유를 추구하는 프랑스인들을 대변할 수 있다고 확신한다. 또한 그는 의욕적이고 용감한 자질을 지니고 있으며, 자신의 정치적인 야욕을 실현하고자 하는 목적으로 전쟁이라는 수단을 선택한다. 이러한 나폴레옹을 무너뜨리려는 시도가 다양하게 행해지며, 결국 나폴레옹은 몰락한다. 그러나 이러한 여러 사건들에 의해 형성되기도 하며, 궁극적으로 존속되는 것은 바로 프랑스혁명에 의해 표출되고, 나폴레옹이 실현하고자 했던, 궁극적인 목적인 자유의 이념이다. 이러한 자유의 이념의 구체적인 실현은 나폴레옹의 정치적 야욕이나 전쟁, 그리고 몰락과 같은 여러 특수한 상황 속에서도 관철되었던 참된 결과물로서의 현실인 사태 자체라 할 수 있다. 즉 나폴레옹이라는 개인과 프랑스혁명이 발생한 대상세계가 상호 침투하여 구체적인 현실이 된 자유의 실현은 바로 개인과 행위의 참된 결과물인, 사태 자체인 것이다.

이성적인 의식은 보편적인 것으로서 사태 자체를 자신의 목적으로 추구한다. 그리하여 개인들은 자신의 행위를 통해 참된 결과물을 현실 속에 드러내고자 하며 이를 통해 오직 자신을 실현하고자 한다. 그러나 또한 개인이 행위를 통해 무엇인가를 현실세계 속에 실현한다는 것은 결국 자신의 결과물을 모든 개인들에게 드러낸다는 것을 의미한다.

개인이 결과물을 현실에 실현하자마자 헤겔의 표현에 따르면 "갓 식탁에 올려진 우유에 몰려드는 파리 떼와도 같이" 타인들이 몰려와 이런 저런 참견을 하게 된다. 사태 자체를 추구하는 개인의 결과물에 대해 타인들은 그의 작품이 보편적인 것을 추구하는 데 목적이 있는 것으로 간주한다. 따라서 타인들은 이러한 결과물에 대해 이러 저러한 참견을 하며 무엇가 보편적인 것을 실현하는 데 함께 참여하고 있다는 희열을 느끼게 된다. 그러나 사실 개인은 보편적인 것을 실현하는 것보다, 자기 자신이 그러한 일을 해냈다는 것이 무엇보다도 중요하므로 결국 타인을 기만하는 것이 된다. 타인 또한 사태의 보편성, 혹은 보편적인 가치 때문에 타인의 결과물에 간여한 것이 아니라 바로 자기 자신이 간여한다는 것이 중요하므로 서로가 서로를 기만하는 것이 된다.

자신의 행위를 통해 자신의 궁극적 목적을 실현하려는 결과물은 모든 이들에게 드러날 수밖에 없으며, 결국 개인이 무언가를 실현한다는 것은 자기 개인의 것을 공동의 장에 내놓음으로써 자기의 것을 만인의 것이 되도록 하는 데 있다. 그러나 개인의 결과물은 온전히 자신의 것만이 아닌 타인과의 관계 속에 있을 뿐이며 따라서 개인의 결과물은 필연적으로 만인의 결과물이 된다. 이러한 상황 속에서 관철되는 사태 자체는 개인의 작품이면서 모든 이들의 작품이며, 개인과 모든 이들의 공통 작품이기도 하다. 이러한 자각과 함께 개인들은 보편자로 고양되며, 자신이 행위를 통해 실현하는 결과물인 현실세계가 모든 이들의 세계라는 자각을 하게 된다.

2) 이성에 의한 법칙의 제정

앞의 장이 개인의 행위와 존재의 통일이 문제가 되었다면 이제는 개인의 행위가 보편적인 행위로, 즉 행위의 목적뿐 아니라 행위를 통해 실현된 결과물조차도 보편적인 것으로 자각된 개인의 인륜적인 의식이 중심적인 주제를 이룬다. 인륜적인 의식에게 현존하는 질서와 법은 절대적인 것이다. 그러나 이러한 질서와 법은 자기의식에 근거해 있다. 따라서 이성적인 의식은 누구에게나 타당한 보편적인 법칙을 제정하고자 한다. 또한 자기의식은 이미 존재하는 인륜적 법칙을 진리로 확신하며 직접적으로 받아들인다.

그러나 헤겔은 그 당시 타당하게 간주되는, 즉 자기의식이 무조건적으로 받아들여야 한다고 간주되는 법칙의 예를 들어 이러한 법칙 속에 내재해 있는 모순을 밝혀내고자 한다. 그는 "인간은 누구나 진실을 말해야 한다"라는 인륜적 법칙을 예로 든다. 이러한 법칙을 실행하기 위해서는 "만약 그가 진실을 알고 있다면"이라는 조건이 전제된다. 따라서 위의 법칙은 "인간은 그가 진실을 알고 있다면 진실을 말해야 한다"라는 명제로 바뀌고, 존재와 통일 속에 있는 자기의식은 자신의 확신에 따라 진실을 알 수 있는 것이 된다. 결국 위의 명제는 "인간은 자신의 확신에 따라서 진실을 말해야 한다"로 다시 바뀌게 된다. 누구나 지켜야 할 타당한 명제를 표현하는 인륜적 법칙은 자기의식이 무엇을 진실로 확신하느냐에 따라 내용이 변화하게 되며, 결국 우연적인 것에 명제의 법칙이 내맡겨져 있게 된다. 진실에 대한 자기의식의 확신은 자기의식의 앎에 대한 지식 정도에 따라 변화할 수밖에 없기 때문이다.

헤겔은 "네 이웃을 너 자신과 같이 사랑하라"라는 성경의 구절을 또 다른 보편적인 법칙의 예로 든다. 이러한 법칙은 누구에게나 보편타당한 법칙으로 간주되며, 따라서 보편적으로 고양된 의식은 당연히 이러한 명령을 따라야 하는 것으로 이해한다. 그러나 이러한 명제가 보편적인 선과 인간의 행복을 담지하기 위해서는 우선 사랑에 지성이 뒷받침되어야 한다. 지성이 수반되지 않는 사랑은 오히려 악이 될 수도 있기 때문이다. 또한 개인적인 사랑은 공동체의 권리를 훼손하기도 한다. 타인에 대한 사랑은 소중한 가치이지만 이러한 사랑이 반드시 타인을 행복하게 하거나 타인에 대해 선을 행하는 것이라고는 할 수 없다. 이러한 법칙들은 보편적인 법칙임에는 틀림없지만 그러나 보편적인 내용을 담아내지는 못한다. 따라서 자기의식에 의존해서 보편적인 법칙을 제정하고자 하는 이성은 결국 이러한 법칙이 모순적인 것을 함축하고 있는지에 대한 보편적인 형식에만 관심을 지닐 뿐, 보편적이며 구체적인 내용은 포기할 수밖에 없게 된다.

3) 이성에 의한 법칙의 검증

이성은 누구나 지켜야 하는 법칙의 구체적인 내용을 담아낼 수 없지만 어느 내용이 법칙일 수 있느냐 없느냐를 평가하는 기준을 정립할 수는 있다. 따라서 이성은 법칙을 제정하는 것을 포기하고 하나의 법칙에 모순이 있는지 없는지에 대한 기준만을 제시하고자 하며, 이와 함께 법칙을 검증하는 이성으로 이행한다. 법칙을 검증하는 이성은 법칙의 제정에서처럼 더 이상 법칙의 구체적인 내용을 고찰하지는 않고 주어진 내용을 단순히 받아들이며, 이러한 내용이 지닌 법칙으로서의 타당성만을 검증하고자 한다. 그러나 헤겔에 의하면 이성의 이러한 검증은 결국 동어반복일 뿐이며, 내용에 대해서는 무관심함으로써 하나의 내용과 이러한 내용에 반대되는 법칙이 둘 다 모순적이거나 혹은 둘 다 무모순적이라는 동일한 결론에 도달하게 된다. 따라서 검증하는 이성은 자신의 원래의 기획과는 달리 법칙에 대한 어떠한 기준도 제시할 수 없게 된다.

헤겔이 제시한 예를 들면, 소유권을 인정하는 것이 타당한 법칙이 될 수 있는지 살펴보면, 소유권은 어떤 다른 이유 때문이 아니라 그 자체로 인정되어야 한다는 법칙은 소유권은 그 자체로 인정되지 말아야 한다는 법칙과 동일하게 모순이 없다. 또한 소유권을 욕구나 평등의 원리, 혹은 개인들과의 관계와 관련해서 고찰하면 소유권은 소유권을 부정하는 재산 공유제와 마찬가지로 자기 모순적이다.(소유권과 관련된 자세한 이야기는 『정신현상학』참조.) 이러한 법칙에는 모든 구체적인 내용이 배제되므로 형식적인 것만이 문제가 되며, 결국 법칙을 검증하는 기준은 대립되는 내용이 모두 허용됨으로써 기준으로서 아무런 역할을 하지 못하게 된다. 이와 관련하여 헤겔은 "동어반복의 형식인 모순율은 이론적 진리의 인식에서 내용상의 진위와는 아무런 관계도 없는 형식적인 진위의 기준에 지나지 않게 되므로 그의 모순율이 실천적 진리의 인식에서 그 이상의 역할을 한다고 하면 그것이 오히려 해괴한 노릇"이라고 법칙을 검증하는 이성을 비판한다.

법칙을 제정하고 검증하는 이성은 비록 의식의 차원에서는 보편성으로 고양되었지만 공동체와의 관계에서는 여전히 개별성에 머물러 있다. 법칙의 내용은 타인과의 관계 속에서, 혹은 타인들이 공존하는 공동체 속에서 비로소 만들어지고 검증될 수 있지만 법칙을 제정하고 검증하는 이성적인 의식은 이러한 공동체와 분리된 채 개별적인 자신이 독자적으로 보편성을 담지하고 있는 법칙을 제정하고 검증하고자 한다. 특정한 법칙이 우연한 내용을 지니게 되는 것도 바로 공동체와 매개되지 않은 개별자에 내재해 있는 자의성 때문이라 할 수 있다. 그러나 법칙이란 개별성에 근거해 있는 자의적인 의식의 개인적인 작품이 아니다. 보편성으로 고양된 이성적인, 그러나 여전히 자신의 개별성에 의존해 있는 의식이 법칙을 제정한다는 것은 자의에 의존해 법칙을 제정하고 이에 무조건 복종해야 한다고 주장하는 전제 군주의 폭정과 같다고 할 수 있다.

법칙을 제정하고 검증하는 이성의 한계를 자각한 의식은 자신이 속해 있는 공동체로 복귀하며, 이와 함께 보편적인 이성에 의존해 있는 개별자와 현실세계에 근거해 있는 보편성의 대립은 소멸된다. 개별적인 이성에 내재해 있는 자의는 자신이 속한 공동체에 의해 매개될 때 비로소 극복되어지며, 이러한 매개를 통해 법칙도 자의적 성격을 상실한다. 헤겔에 의하면 법칙이란 한 개인의 의지에 기초해 있는 것이 아니라 "모든 인간들의 절대적인 순수의지"라 할 수 있다.

모든 인간들의 순수의지가 법칙으로 나타나며, 이러한 법칙들이 존재하는 세계가 인륜적인 공동체이다. 이성적인 의식은 공동체와 매개된 인륜적인 의식으로 고양되며, 이러한 인륜적인 의식을 토대로 인륜적인 세계가 형성된다. 이와 함께 의식은 개별적인 보편적 의식의 상태를 벗어나 이성이 실현되는 구체적인 현실의 세계로, 즉 정신의 세계로 나아간다.

5장
정 신

1. 참다운 정신: 인륜성

1) 인륜의 세계: 인간의 법칙과 신의 법칙, 남성과 여성

헤겔은 "자신이 실재라는 이성적인 개인의 확신이 진리로 고양되고 이성적인 개인이 자기 자신을 세계로, 그리고 세계를 자기 자신으로 의식하게 될 때 이성은 곧 정신"이라고 규정한다. 이미 서론에서 서술한 것처럼 '정신'은 헤겔 실천철학에 있어서 가장 핵심적인 개념 중의 하나이다. 헤겔은 자신의 사유를 처음으로 철학적으로 완성시킨 책을 『정신현상학』이라는 제목과 함께 정신이 현상하는 과정을 서술하고자 한다. 그는 『정신현상학』을 출판하고 10년 후에 자신의 철학적 사유를 체계화한 『철학대계』를 출판하는데, 『철학대계』의 한 부분을 차지하는 『정신철학』은 서론에서 언급한 것처럼 "정신현상학"을 포함하고 있는 주관정신과 객관정신, 그리고 절대정신으로 구성되어 있다. 지금까지 서술한 '의식'과 '자기의식' 그리고 '이성'은 『철학대계』에 따르면 주관정신에, 그리고 앞으로 다루게 될 '정신'은 객관정신에 해당된다. 이러한 관점에서 살펴보면 『정신현상학』은 개별적인 의식의 발전과정을 의식에서 출발해서 자기의식을 거쳐 이성에 이르는 과정으로 서술하고 있으며, 이러한 의식의 외화된 형태라 할 수 있는 현실세계의 발전과정에 대해서는 '정신' 장에서 서술하고 있다고 할 수 있다.

헤겔은 인간을 자연적 존재이자 동시에 정신적 존재로 규정하는데, 자연적 존재란 생물학적이며, 자연에 의존해 있는 존재라는 것을 의미하며, 정신적 존재란 사유를 매개로 세계를 만들어 내며, 자신이 만들어 낸 세계 속에 자신의 삶을 구축한다는 의미를 함축하고 있다. 인간은 자신이 사유한 것을 현실세계 속에 실현시키며, 현실에 실현된 인간 사유의 총화가 ―그러한 것이 의식의 형태로 드러나든, 혹은 다양한 제도의 형태나 기술과 예술, 그리고 종교의 형태로 드러나든― 정신의 개념을 이루고 있다고 할 수 있다. 헤겔이 『정신현상학』에서 다루고 있는 정신은 이성적인 의식이 외화된 형태인 현실세계이며, 이러한 현실세계는 인간의 의식을 반영한, 그리고 다양한 개인들이 상호 매개되어 있는 관습과 규범, 그리고 다양한 제도들로 구성되어 있는 공동체로서 인륜적 현실이다. 이러한 인륜적 현실은 모든 개인들의 행위에 의해, 즉 그들의 공동의 작품으로 산출된다. 모든 개인들의 행위의 결과이자 작품인 인륜적 현실은 고정된 실체가 아닌, 끊임없이 살아 움직이며 변화하는 생동하는 세계이다. '정신' 장에서 헤겔은 생동하는 세계로서 인륜적 현실을 서양의 역사적인 과정에 따라 기술하고 있다. 따라서 '정신' 장은 개인과 공동체가 직접적인 일체감 속에 있었던 인륜적 세계인 고대 그리스 사회로부터 출발해서, 이러한 통일이 해체되고, 개인과 공동체가 철저히 분열되어 있는 고대 로마세계를 거쳐, 자아의 절대성을 통해 분열된 세계를 통합하고자 하는 근대의 계몽주의와 프랑스혁명에 대한 서술로 진행된다.

  헤겔에 의하면 인륜적 세계를 지배하는 법칙은 신의 법칙과 인간의 법칙이다. 이러한 두 개의 법칙은 서로 완전히 분리된 채로 존재하는 것이 아니라 상호 침투하는 관계 속에서 인륜적 세계의 총체성을 구성한다. 신의 법칙과 인간의 법칙은 인간의 삶의 궁극적인 토대인 가족과 국가라는 공동체에 의해 구체적으로 표현된다. 인륜적 세계로서 가족은 부분적으로 사랑이라는 감정에 토대를 두고 있는 한 자연적 요소를 지니고 있지만, 공동체의 정신을 자각하는 자기의식에 매개되어 있다는 점에서 철저히 정신의 산물이라 할 수 있다. 따라서 가족은 직접 있는 그대로의 모습으로 인륜적 정신을 나타내며, 가족에 의해 표현되는 신의 법칙은 어디에도 분명하게 명시되어 있지 않은 불문법으로서 이러한 법이 어디서 유래했는지는 아무도 알 수 없다. 즉 소포클레스의 『안티고네』에서 나오는 구절처럼 "어제 오늘이 아니라 언제나 이 법은 존속했으며 누구도 그것이 언제 나타났는지 모른다." 이와 달리 국가에 의해 표현되는 인간의 법칙은 국가의 구성원들로부터 타당성을 인정받고, 그들이 수행해야만 하는 법률을 구체적으로 제시함으로써 인류적 세계에 명확하게 자신의 모습을 드러낸다.

　가족은 사랑이라는 인간의 자연적 감정과 혈연적 관계에 의존해 있는 한 "자연적인 인류적 공동체"라 할 수 있다. 그러나 가족이 인류적 공동체인 한에 있어서 이러한 자연적 요소를 넘어서는 정신적 요소를 필연적으로 함축하고 있다. 헤겔에 의하면 가족이 지닌 인류적 정신은 가족이 수행하는 다양한 기능이나 역할들 때문이 아니다. 이러한 것들은 많은 부분이 자연적인 것과 밀접하게 관련을 맺고 있다. 예를 들면 가족은 재화의 생산과 보존 그리고 소비를 하는 최소 단위라 할 수 있는데 이러한 기능은 인간의 자연적 욕구에 관계한다. 특히 재산은 가족 구성원의 자연적 욕구를 충족시키는 데 일차적으로 기여하기 때문에 순수한 정신적 활동이라 할 수 없다. 또한 유아를 교육하는 일도 가족이 지닌 인류적 정신에 부합하지 않는다. 유아를 교육하는 궁극적 목적은 국가의 성원이 되게 하는 것이다. 국가의 성원이 된다는 것은 자녀가 가족을 떠나 독립적인 존재가 된다는 것이며, 따라서 유아의 교육은 오히려 가족을 해체하고 부정하는 결과를 초래하게 되기 때문에 가족의 인륜적 정신에 부합한다고 할 수 없다. 또한 위의 예에서 볼 수 있는 것처럼 가족 구성원들의 행위가 가족 전체를 위한 목적을 설정했다고 할지라도 목적 자체는 어디까지나 개별적인 것이라 할 수 있다.

헤겔에 의하면 가족이 인륜적 정신을 지니기 위해서는 무엇보다도 가족 구성원들이 공동존재로서 개인과 관련을 맺어야 하며, 행위의 목적이나 결과가 공동의 것으로 나타나야 한다. 헤겔은 가족의 인륜적 정신을 산 자가 아닌, 죽은 자에서 발견한다. 죽음은 자연적인 부정이라 할 수 있으며 따라서 죽은 자 자체가 인륜적인 정신을 구현하는 것은 아니다. 죽은 자는 순수한 사물로 변질되며, 다른 생명체의 제물이 된다. 그러나 이러한 자연적인 죽음은 어느 정도 정신적인 요소를 함축하고 있는데, 죽음은 새로운 생명의 탄생을 의미하기 때문이다. 생물학적인 죽음은 생물학적인 탄생을 가능하게 하며, 한 개별자의 죽음은 그대로 끝나는 것이 아니라 유를 통해 계속 지속됨으로써 보편적인 의미를 획득하게 된다. 또한 보편적인 생명의 지속은 생물학적인 의미를 넘어, 죽은 자가 향유했던 여러 정신적인 요소들이 산 자들에 의해 계승된다는 것을 의미하며, 이와 함께 인륜적인 세계의 존속을 가능하게 원천적인 힘이다.

죽음에 함축되어 있는 진정한 의미를 살리는 것, 즉 죽은 자가 생물학적인 죽음으로 끝나지 않고 정신적인 존재로 살아남게 하는 것은 인륜적 공동체로서 가족이 행하는 핵심적인 기능이라 할 수 있다. 예를 들면 가족은 자신의 조상이 어떤 위대한 일을 했는지를 기념하고 알리고자 하며, 이러한 일을 계승함으로써 죽은 자를 살려 내어 "공동세계의 이웃"이 되게 한다. 이와 함께 가족은 죽음의 참된 의미를 되살려 그것의 자연성을 제거하고 정신적인 의미를 부여한다. 가족이 자연적인 공동체를 벗어나 인륜적 공동체가 되는 것은 바로 가족들이 죽은 자와 관계하는 방식이라 할 수 있다. 이와 관련해 헤겔은 자연적인 공동체를 가능하게 하는 부부의 사랑은 자식들을 통해 현실화되며, 자식들의 성장은 곧 부모의 죽음을 의미한다고 한다. 한 세대로부터 다른 세대로의 교체현상은 민족이라는 보편성 속에서, 그리고 민족의 관습과 규범, 그리고 제도들 속에서 영속성을 지니게 된다. 따라서 죽은 자의 장례는 가족이 죽은 자에 관계하는 상징적인 의미를 지니고 있으며, 헤겔은 "죽은 자를 매장하는 이 최후의 의무를 완전한 신의 법칙으로, 가족 공동체가 한 개인에게 행하는 적극적인 인륜적 행동"으로 규정한다. 호머의 『일리아드』에서 헥토르가 자신의 적인 아킬레스에게 "나의 시신을 트로이 사람들이 화장할 수 있도록 되돌려 주시오"라고 했던 간청은 자신이 생물학적인 죽음으로 완전히 사라지지 않고, 트로이의 정신으로 남아 있기를 원하는 절박한 요구를 함축하고 있다고 할 수 있다.

가족에 의해 표현되는 신의 법칙이 자연적인 요소를 함축하고 있는 정신적인 것으로서 인륜적 세계를 구성하고 있다면, 국가에 의해 표현되는 인간의 법칙은 일상세계에서 구성원들의 행위를 규정하는 단일한 권력으로 자신을 드러낸다. 특히 헤겔은 개인과 국가의 일체감을 드러내는 중요한 요소로 전쟁을 예로 드는데, 전쟁 상황에서는 국가의 구성원의 화합이 무엇보다 중요하기 때문이다. 국가는 독자성과 안정성을 중시함으로써 인륜성의 의식이 약해진 개인들을 전쟁을 통해 결속시키고, 구성원들로 하여금 국가를 위해 희생하는 것을 요구함으로써, 그리고 국가를 위해 죽음을 각오하는 구성원들을 통해 자신을 보존하며 자신의 현실적인 위력을 과시한다.

그 당시 지배적이었던 성차에 대한 가부장적 이해에 머물러 있었던 헤겔은 남성을 여성으로부터 엄격히 구분하고, 국가라는 토대에 근거해 있는 인간의 법칙을 오직 남성의 영역으로 규정한다. 헤겔에 의하면 자연적인 감정에 의해 지배되는 여성은 직접적이며 원초적인 공동체인 가족의 수호자가 되며, 그에 반해 의식적으로 인륜성을 획득하고 발휘하는, 그리고 공동체를 위해 자신의 생명의 위험을 기꺼이 감수하는 남성은, 자신이 안주해 온 안전한 가족으로부터 벗어나 인간의 법칙이 지배하는 국가의 구성원으로 이행한다. 헤겔은 여성과 남성의 차이를 본래적인 것으로 이해함으로써 인륜적 세계를 구성하는 가족과 국가는 바로 이러한 타고난 성차에 의존해 있는 것으로 이해한다.

인륜적 세계는 신의 법칙이 지배하는 가족과 인간의 법칙이 지배하는 국가로, 그리고 이러한 세계에서 활동하는 개인으로는 각각 여성과 남성으로 구성되어 있다. 신의 법칙과 인간의 법칙으로 양분되어 있는 것처럼 보이는 인류적 세계는 그러나 상호 침투해 있으며, 서로가 서로를 보존하고 키워 주는 관계를 이루고 있다. 인간의 법칙을 가능하게 하는 의식적인 남성은 가족이라는 공동체를 통해 성장할 뿐만 아니라 죽음을 통해 자신의 개별성은 극복되고 보편자로 영속한다. 이에 반해 신의 법칙을 따르는 무의식적인 여성은 이러한 죽음과 관계하며, 비현실적인 것(죽은 자)을 현실적인 것(장례를 통해 죽은 자를 정신적인 존재로 살려 내는 것)으로 고양시킨다. 가족은 국가를 가능하게 하는 토대이며, 국가는 가족의 현실성을 담보하는 힘이다. 따라서 인간의 법칙과 신의 법칙, 그리고 남성과 여성은 인류적인 세계를 구성하는 총체성 속에서 통일되며, 이와 함께 자신의 존재의 완결성을 획득한다.

2) 인류적 행위: 인간의 지와 신의 지, 책임과 운명

인류적 세계는 인간의 법칙과 신의 법칙이 지배하며, 이 두 법칙이 통일된 형태로 존재한다. 그러나 인류적 세계를 떠받치는 궁극적인 힘은 현실적인 자아이며, 이러한 자아는 인륜적 세계를 움직이는 궁극적인 힘인데, 이러한 자아가 항상 인륜적 세계와 일체감 속에 있는 것은 아니다. 인륜적 의식으로서 자아는 자신의 행위가 어떤 결과를 초래하는지 잘 알고 있으며, 동시에 본인의 결단에 의해 인간의 법칙과 신의 법칙 중 하나를 선택하기도 한다. 이러한 자아가 하나의 법칙을 선택하게 되면 두 법칙이 상호 대립하게 되며, 궁극적으로 이러한 법칙들이 지닌 각각의 위력은 무너진다. 헤겔에 의하면 고대 그리스 사회는 개인과 공동체가 일체감 속에 있다는 점에서 신의 법칙과 인간의 법칙이 조화를 이루고 있는, 서양의 역사에 나타난 대표적인 인륜적 세계이다. 그러나 고대 그리스는 역사 속에서 몰락했으며, 그는 이러한 인륜적 세계가 어떻게 파괴되는지를 고대 그리스의 작가인 소포클레스의 비극 『안티고네』를 통해 구체적으로 보여 준다. 이러한 비극들은 책임과 운명, 그리고 신의 법칙과 인간의 법칙의 대립과 갈등을 보여 줌으로써 인륜적 의식에 내재해 있는 자기의식의 위력을 현실 속에서 적나라하게 드러낸다.

가족에 근거해 있는, 그리고 여성에 의해 구현되는 신의 법칙은 현실적으로 명문화되어 있지 않다는 점에서 내면의 법칙이며, 이와 달리 인간의 법칙은 우리가 무엇을 해야 하는지를 명확하게 규정하는 현실의 법칙이라 할 수 있다. 이러한 두 개의 법칙이 일체화되어 있는 인륜적 의식은 그러나 가족을 대변하는 여성으로서 신의 법칙에 의해 지배되는 안티고네의 내적인 결단을 통해 현실적으로 존재하는 법칙에 대립하게 된다. 안티고네는 오빠인 "폴리네이케스의 장례를 지내서는 안 되며 그의 시신을 짐승의 밥이 되게 내버려 두라"는 크레온의 명령을 거부하고 오빠의 시신을 묻어 준다. 폴리네이케스는 권력을 장악하기 위해 이웃나라의 군대를 동원해서 자신의 나라인, 그리고 크레온이 지배하고 있는 테베를 공격하며, 결국 전쟁 중에 죽음을 맞이한다. 크레온은 자신의 공동체를 공격한 폴리네이케스의 장례를 치르지 못하게 함으로써 그에게 벌을 내리는데, 크레온의 이러한 처벌행위는 누구도 거부할 수 없는, 현실에서 절대적인 위력을 지닌 인간의 법칙을 대변하고 있다. 그러나 안티고네는 이러한 인간의 법칙에 굴복하지 않고 "어디에서 오는지 아무도 모르는" 신의 법칙을 선택한다. 신의 법칙은 '양심'이라는 인간의 내면에 존재하는 영원한 법칙이며, 자아는 행위를 통해 이러한 내면을 현실화함으로써 인간의 법칙과 대립한다.

신의 법칙을 대변하는 안티고네는 현실에 존재하는 인간의 법칙의 막강한 위력을 자각하고 있을 뿐만 아니라 이러한 힘에 저항하는 행위에 대해 고통스러워함으로써 자신의 행위가 절대적으로 타당하다고 생각하지는 않는다. 헤겔은 "우리가 고통스러워한다는 것은 우리가 잘못을 저질렀음을 인정하는 것이다"라는 『안티고네』에 나오는 구절을 인용함으로써 안티고네가 자신의 행위의 부당함을 알고 있으며, 따라서 행위에 따르는 책임을 떠맡고 있다는, 자신의 몰락을 인지하고 있다는 사실을 분명히 드러내 보인다. 그러나 그녀에게는 오빠의 장례를 치르지 않았다는 죄책감이 더 크며, 신의 법칙이 인간의 법칙보다 더 영원하며 강한 힘을 지니고 있는 것으로 이해함으로써 오빠에 대한 장례를, 즉 오빠에 대한 사랑을 포기하지 못한다. 결국 그녀는 오빠에 대한 사랑을 통해 표현되는, 자신의 내면에 있는 신의 법칙을 수행함으로써, 자신의 행위에 대한 책임을 지게 되며, 죽음을 자신의 운명으로 받아들인다.

안티고네의 이러한 죽음은 한편으로는 신의 법칙에 대해 인간의 법칙이 승리했다는 것을 의미하지만, 그러나 죽음을 감내하며 신의 법칙을 따르는 안티고네는 인간의 법칙이 신의 법칙을 완전히 제압할 수 없을 뿐만 아니라, 이미 인간의 법칙에 균열이 생기게 되었음을 암시한다. 신의 법칙에 의존해 있는 가족과 구성원들은 인간의 법칙을 수행하는 국가의 토대이자 국가의 힘을 가능하게 하는 원천이기 때문이다. 따라서 인간의 법칙과 신의 법칙의 대립, 그리고 이에 따른 한쪽의 승리와 다른 한쪽의 패배는 결국 두 개의 법칙이 모두 불완전하며, 두 개의 법칙이 모두 몰락할 수밖에 없다는 것을 의미한다. 인간의 법칙과 신의 법칙의 대립에 의한 인륜적 세계의 파괴는 개인과 공동체의 분열을 의미하며, 인륜적 세계를 지배했던 그들 사이의 생동적인 관계는 파괴된다. 따라서 개인은 국가라는 공동체를 보편적인 원리로 받아들이기는 하지만, 이러한 공동체를 더 이상 자신들 스스로가 외화된 실재로 이해하지는 않는다. 오직 자신의 독자성만을 주장하는 개인들은 서로가 서로에게서, 그리고 그들의 공동의 세계인 국가로부터 분리됨으로써 그들의 관계를 규정하는 국가는 그들에게 단지 형식적인 보편성이라는 성격만을 지니게 될 뿐이다.

3) 법의 지배

인륜적 총체성이 신의 법칙과 인간의 법칙으로 분열됨으로써 초래된 두 법칙의 몰락은 인륜적 세계를 새로운 형태로 변화시킨다. 인륜적 세계의 구성원들은 더 이상 자신을 인륜적 세계의 구성원으로 인식하지 않으며, 오직 자신의 독자성만을 절대적인 가치로 이해하는 사적 인격체Person로 존재한다. 헤겔에 의하면 내면의 법칙인 신의 법칙이 현실을 지배하는 절대적인 원리가 될 때 개인들은 공동체와의 일체감으로부터 벗어나 원자화된 개체로 존재하게 된다. 오직 자신에 대한 확신만을 지닌 이러한 개인들은 상호 배타적인 관계에 있으며, 이들을 연결하는 보편성은 서로를 동등한 개별적 주체로 인정하는 법에 의존해 있다. 법은 각각 개인들이 추구하는 구체적인 내용들과는 상관없이 각자의 권리를 동등하게 인정한다는 형식적인 측면만을 함축하고 있으며, 따라서 개인들 사이의 외적인 결합으로만 연결된 공동체는 이러한 추상적이며 형식적인 법에 의해 유지된다.

고대 로마를 상징적으로 암시하고 있는 이 세계는 철저히 독립적인 사적 개인들이 지배적인 원리를 구성하며, 이들의 공동의 토대로서 현실세계는 그들 각자를 동등한 권리가 있는 존재로 인정하는, 그리고 동시에 각자의 권리인 "내 것"으로서 재산권을 보호하는 법에 의존해 있는 세계이다. 모든 개인들의 활동과 목표는 오직 "내 것"인 재산권에만 관련된다. 따라서 그들에게 공동체를 위한, 국가를 위한 활동은 더 이상 존재하지 않는다. 즉 그들에게 국가는 더 이상 자신이 외화된 자신의 작품이 아니라, 자신의 이익을 위해 외면적으로 존재하는, 자신에게 낯선 힘으로만 간주될 뿐이다. 이러한 현실세계는 고대 그리스 사회에서 공동체와 통일 속에 존재했던 인륜적 개인을 자신의 재산권을 절대적 목적으로 간주하는 사적 인격체로, 인륜적 세계는 이러한 재산권에 근거한 법적 공동체로 대체시킨다.

어떠한 내적 결속력이 없는, 원자화된 개인들을 엮어 주는 형식적인 법이 현실성을 지니기 위해서는 법을 집행하는 강력한 권력이 필연적으로 요청된다. 법이 각자의 동등한 권리에 대한 인정이라는 형식에만 간여함으로써 어떠한 구체적인 내용도 담아낼 수 없었다면, 절대적인 권력을 지닌, 법을 집행하는 지배자는 자신이 규정한 내용을 현실적인 법적 원리로 삼음으로써 공동체의 구성원들, 즉 사적 인격체를 제압한다. 이와 함께 그는 모든 개인들을 지배하는 지배자로 군림하지만, 지배당하는 구성원들로부터 완전히 유리된 고독한 존재이다. 사적 인격체들은 이러한 지배자를 자신들에게 적대적이고 낯선, 그러나 복종할 수밖에 없는 권력으로 이해한다. 그리고 그는 지배자가 규정한, 자신에게 낯선 내용들을 자신에게 타당한 것으로 받아들이며, 이와 함께 현실세계에서 자신의 실재성을 상실하게 된다. 이에 반해 지배자는 자신이 규정한 내용들을 자신의 신하들로 간주하는 사적 인격체에게 강요하며, 이들이 자신에게 저항할 때 폭력을 행사함으로써 자신의 절대적인 권력을, 즉 자신의 존재의 현실성을 과시한다. 결국 그는 자신의 이러한 파괴적인 힘 속에서 자신을, 자신의 자기의식을 상실하게 된다.

자신에게 절대적인 권력을 행사하는 지배자가 존재하는 현실세계는 '내 것'으로서 재산에 대한 절대적 권리를 주장한 사적 인격체에게는 소외된 세계이다. 원래는 자신이 외화된, 즉 자신의 작품이어야 할 현실세계는, 자신에게 낯선, 오히려 자신을 억압하는 힘이 지배하는 세계로 존재하기 때문이다. 그러나 사적 인격체는 이러한 소외를 자각하지 못한다. 그에게는 자신의 재산권만이 절대적으로 중요하기 때문에, 이러한 재산권을 지키기 위한 법의 강제적인 형식, 즉 절대적인 지배자에 의한 법의 집행은 그가 감내하지 않으면 안 되는 필연적인 것으로 받아들인다. 그러나 사적 인격체가 이러한 소외를 자각하고, 의식적으로 이러한 소외를 극복하려고 할 때, 사적 인격체는 자신의 원자적 성격으로부터 벗어나 보편적인 현실세계와의 통일을 모색한다.

2. 소외된 정신: 형성 Bildung

1) 소외된 정신의 세계

현실세계의 토대가 되는 자아는 고정된 실체가 아니며,

자기의식적인 존재로서 행위를 통해 끊임없이 자신과 세계를 산출하는, 즉 형성하는 존재이다. 이러한 자아는 소외된 현실세계를 부정하는 힘을 자체 내에 지니고 있으며, 이러한 부정의 힘을 통해 사적 인격체에 의해 파괴된 현실세계에 다시 현실성을 부여한다. 즉 활동하는 존재로서 자기의식적인 자아는 현실세계의 지배자와 사적 인격체의 종속적 관계 속에서 야기된 소외를 극복하고 현실세계를 자신이 외화된 세계로 자각한다. 이러한 자각을 통해 그는 사적 인격체로서 자신에게 내재해 있는 자연적 요소를 극복하고 자신을 보편적으로 인정된 존재로 변화시킨다. 이러한 인정은 동일한 권리를 지닌다는 법의 형식적 인정을 넘어서서 공동체와의 통일 속에서 존재하는 것을 가능하게 하는 내용적인 측면을 함축하고 있다. 이러한 자아로서 개인은 더 이상 '내 것'이라는 재산권 속에 갇혀 있는 사적 인격체가 아니며, 사회적 공동성을 무엇보다도 소중한 가치로 이해하는, 타자와의 인정관계에 토대를 둔 보편적 존재이다.

헤겔은 사적 인격체에서 보편적 존재로의 고양을 형성이라는 개념을 통해 설명한다. 형성은 도야와 교양이라는 의미를 동시에 함축하고 있는데, 인간의 고유성을 드러내 주는 핵심적인 단어라 할 수 있다. 인간의 고유한 특성 중의 하나는 자연적인 상태를 벗어나 인간직인 삶, 즉 정신적인 삶을 산다는 것인데, 이러한 삶은 오직 사유를 매개로 한 형성, 도야를 통해 가능하기 때문이다. 형성은 자연으로부터 자신을 소외시키는 행위라 할 수 있는데, 인간은 형성을 통해 자연적인 상태를 벗어나 외적 세계를 새롭게 만들어내기 때문이다. 형성은 가시적인 건물이나 도로, 혹은 모든 생산물을 통해 표현되며, 비가시적인 것으로는 관습이나 제도 혹은 기술을 통해 나타난다. 또한 인간은 형성하는 능력을 통해 자연적인 본능으로부터 벗어나 교양 있는, 즉 문화적이거나 보편적인 방식으로 행동하도록 자신을 규제하며, 이러한 것은 형성의 다른 의미인 도야로 표현된다. 헤겔은 이러한 형성과 관련하여 "자연적인 존재양식을 소외시켜 나가는 정신"이자 "오직 태어난 상태 그대로의 자기를 지양해 나가는 데에서만 성립"하는 것으로 설명한다.

사적 인격체라는 규정으로부터 벗어나 자신을 보편자로 고양시킨 자기의식적인 개인은 현실세계가 자기 자신이 외화된 것이라는, 즉 자신의 작품이라는 것을 자각한다. 그러나 이 세계의 주인이 된, 독자적이며 자립적인 개인은 이러한 현실세계가 여전히 자신에 대치되어 있음을 인식하며, 자신과 대치되어 있는 현실세계를 제압함으로써 현실세계와 자신을 합치시키려고 한다. 헤겔에 의하면 현실세계의 제압은 자기의식적인 개인의 형성하는 능력에 의해 가능하다. 즉 형성은 공동체를 만드는 행위인데, 개인은 형성, 즉 도야를 통해 공동체에 정착할 뿐 아니라 현실세계를 생성하고 이와 함께 자신과 합치되는 공동체를 현실세계에서 실현한다.

개인은 공동체를 실현해 나가는 데 있어서 자신의 사유를 통해 어떤 것이 타당성을 지녀야 하는지, 혹은 어떠한 것이 현실에 실현되어야 하는지를 결정하며, 이러한 결정은 "좋음"과 "나쁨"이라는 판단을 통해 표현한다. 이때 좋은 것은 불변의 보편적인 세계이며, 나쁜 것은 각 개인이 자신을 개별적인 존재로 의식하며, 불평등이 조성되어 있는 세계이다. 헤겔은 자신이 살던 시대인 근대 사회를 모델로 하여 이러한 세계의 현실적인 모습을 근대 사회에서 개인들을 통합하는 원리로 등장한 '국가권력'과 새로운 가치체계를 형성하는 '부富, Reichtum'로 나타낸다. 근대의 자기의식적인 개인들은 자신들의 행위의 토대가 되는 보편적인 것인 국가권력을 좋은 것으로, 그리고 자신의 이기적인 본성의 표현으로 간주되는 부를 나쁜 것으로 규정한다. 국가권력이란 개인들이 보편적인 존재임을 확인시키는 기제일 뿐 아니라 모든 개인들의 작업의 결과이기 때문이다. 이에 반해 부는 오직 개인의 개별성을 통해 표현될 뿐 아니라, 그 자체로 불평등을 담지하고 있기 때문이다.

그러나 '국가권력'과 '부'에 대한 개인들의 "좋음"과 "나쁨"의 판단은 곧바로 반대되는 방식으로 전도된다. 좋은 것이었던 국가권력은 개인들과 동등한 위상을 지니는 것이 아니라, 항상 개인들이 복종해야 하는 외적인 힘이기 때문에, 결국 개인들은 국가권력을 자신을 억압하는 위력으로 경험하게 된다. 이와 함께 개인들은 자신의 외화로 간주했던 국가권력 속에서 자신을 발견하지 못하게 되며, 이러한 국가권력으로부터 소외됨으로써 국가권력을 '나쁜 것'으로 판단한다. 그에 반해 새로운 가치인 경제적인 '부'는 이기적인 개인의 개별성과 밀접한 관련을 맺고 있는 것으로 생각되지만 사실은 자체 내에 보편적인 정신을 함축하고 있는 것으로 나타난다. 즉 부와 연관된 만인의 노동과 이러한 노동의 결과물, 그리고 생산물의 소비와 향유는 서로가 밀접하게 얽혀 있기 때문이다. 노동은 나의 개인적인 행위이지만 노동의 결과물에 대한 소비와 향유는 나뿐만 아니라 타인들도 누리게 되며, 이와 함께 만인의 노동과 만인의 소비와 향유라는 공동성이 창출된다.

따라서 개인들이 오직 "자기를 위하여" 하는 행위는 필연적으로 공동성과 연계되어 있으며, 각각의 개인들은 오직 자신의 사적인 이익만을 강구할 수는 없다. 행여 개인이 자신의 사적인 이익만을 위해 노동한다 해도 타인의 행위를, 즉 공동성을 의식할 수밖에 없는데, 타인들이 이러한 노동의 결과물을 사 주지 않는다면 자신의 노동은 의미가 없게 되며 현실성을 상실하기 때문이다. 예를 들면 삼성은 자신의 부를 증식시키기 위해 새로운 물건을, 핸드폰을 만들지만 이러한 생산은 우리의 욕구를 충족시키는 방식으로 이루어진다. 삼성이 우리(만인)의 욕구를 충족시킬 수 없는 핸

드폰을 만들 경우 아무도 그런 물건을 사지 않을 것이며, 결국 삼성은 자신의 부를 증식시키지 못하고, 결국은 몰락하게 된다. 따라서 철저하게 개별적인 것으로 이해되었던 부는 사실은 공동성을, 즉 보편성을 담지하고 있다는 것이 밝혀진다. 또한 개인들은 국가권력과는 달리 부를 창출하는 노동의 결과물 속에서 자신을 발견할 수 있으며, 이와 함께 부를 좋은 것으로 판단한다. "좋은 것"과 "나쁜 것"에 대한 이러한 판단은 대상 자체에 대한 객관적 척도에 근거해 있는 것이 아니라 판단하는 자기의식을 기준으로 한다. 자기의식적인 개인은 애초에는 보편성을 기준으로 국가는 좋은 것으로 부는 나쁜 것으로 판단하였지만, 부 또한 보편적인 성격을 지니고 있음으로 인해 이제는 좋음과 나쁨의 판단을 오직 대상 속에서 "자신을 알아볼 수 있느냐"의 여부에 의존한다. 즉 좋은 것은 대상세계와 자기가 동일한 것이고, 나쁜 것은 서로가 상치되는 것이 된다.

좋음과 나쁨의 전도 속에서 개인들은 좋음과 나쁨이 궁극적으로 자기 자신의 의식 속에 있음을 자각하게 된다. 현실세계에 존재하는 국가권력과 부는 자신이 형성한 현실세계이지만 이러한 것들은 때로는 좋기도 하며, 때로는 나쁘기도 한 것일 뿐인 것으로 자신이 추구해야 하는 절대적 가치라는 의미를 상실한다. 물론 개인들은 현실세계에서 자신의 외화의 산물인 국가권력과 부를 추구하지만, 이러한 것 자체가 본질적인 것은 아니며, 오히려 이러한 것들을 수중에 넣을 수 있는 자기 자신을 참다운 위력을 지닌 존재로 인식한다. 개인들은 현실세계의 이러한 공허함 때문에 자신이 형성한 세계의 산물인 국가권력이나 부 속에서 진정한 만족에 이르지 못하며, 결국 자신이 형성한 현실세계로부터 소외된다. 결국 자기의식적인 개인들은 참된 보편성을 현실의 세계가 아닌, 현실세계를 부정하는 순수한 사유의 세계 속에서 찾고자 하며, 이와 함께 피안의 세계, 신앙의 세계로 이행한다.

현실세계로부터 소외된 개인들은 순수한 사유를 통해 한편으로는 현실의 모든 것들을 부정해 나가며, 동시에 현실로부터 벗어난 새로운 세계, 즉 피안의 세계로 도피한다. 인간의 사유는 모든 것들을 부정할 수 있는 능력을 함축하고 있는데, 사유는 고통스런 현실을 부정하고 더 나은 세계로 나아가게 하는 궁극적인 힘이자 동시에 세계와 자기 자신조차도 말살할 수 있는 절대적인 힘이다. 개인들은 자신들의 사유의 힘을 통해 자신의 의식에 대립해 있는 것을 모두 거부하고 모든 가치 있는 것들을 오직 자신의 의식이 만든 것으로 이해한다. 헤겔은 현실을 부정하는 이러한 운동을 "순수한 통찰"로, 그리고 이와 함께 새롭게 찾아낸 피안의 세계를 "신앙"으로 규정한다. 순수한 통찰은 단지 부정하는 운동이므로 아무런 내용도 지니지 않는 데 반해 신앙은 현실을 도피하여 만들어 낸 새로운 세계이므로 구체적인 내용을 지니게 된다. 이러한 신앙은 헤겔이 자기의식 장에서 사유를 통해 표현된, 자유의 한 형식으로 다루고 있는 '불행한 의식'과는 구분되는데, 불행한 의식이 철저히 주관적인 의식의 형태로 나타났다면, 신앙은 현실세계의 개인들이 순수한 사유를 통해 추구하는, 보편성의 원리를 담지하고 있는 피안의 세계이다. 즉 신앙에 있어서 피안에 존재하는 신의 세계란 현실의 세계가 순수한 사유를 통해 보편적인 원리로 고양된 것을 의미한다.

사유를 통해 새로운 보편적인 원리가 된 피안의 신은 개인들이 사유에 의해 만들어 낸, 개인의 내면에 있는 존재이다. 그러나 이러한 신은 자기의식에 의해 대상화됨으로써 개인들의 사유의 영역을 벗어나 표상의 영역에서 자신을 드러내며, 이와 함께 자기의식과는 전혀 다른 초감각적인 존재로 규정된다. 초감각적인 신은 자신을 현실세계와 매개하는데, 이러한 것은 기독교의 삼위일체설에 의해 구체적으로 표현된다. 즉 절대적인 존재로서 초감각적인 신이 존재하며, 초감각적인 존재인 피안의 신은 예수를 통해 현실세계와 연결된다. 그러나 예수가 인간인 한에 있어서 유한한 존재일 수밖에 없는데, 이러한 유한성은 인간의 정신(성령)을 통해 극복되며, 동시에 영원성을 획득하게 된다. 이와 함께 초감각적인, 피안에 존재하는 신은 인간의 신앙 속에서 영원한 존재로 현실성을 지니게 된다.

개인들은 피안의 세계에 있는 신에 대한 신앙을 통해 현실세계로부터 도피하지만 현실세계를 완전히 벗어나 있지는 않으며, 현실세계와 대립되어 있지만 현실세계로부터 완전히 단절되어 있는 것은 아니다. 그는 단지 현실세계에 존재하는 것들을 무가치하고 무상한 것으로 간주함으로써 이러한 현실을 극복하고자 하며, 진정한 보편적 원리를 천상에서 찾고자 할 뿐이다. 그러나 그는 현실세계를 초탈할 수도, 완전히 벗어날 수도 없으며, 여전히 자신이 만든 현실세계에 뿌리를 내리고 있다. 그리하여 순수한 의식으로서 개인들은 절대적인 신에 대한 신앙을 통해 현실 속에 마주하게 되는 감각적인 지나 행위를 거부하고 절대적인 존재와의 통일을 모색한다. 이러한 통일은 순수한 사유의 왕국인, 즉 신의 나라인 피안에서만 가능하기 때문에 그가 목표로 삼고 있는 신과의 통일은 현실세계에서는 실현될 수가 없으며, 따라서 신과의 통일을 모색하기 위해 신에게 봉사하는 그의 노력은 구체적인 결과를 알 수 없는, 오직 지속적으로 수행할 수밖에 없는 단순한 활동에 지나지 않는 것이 된다.

이에 반해 현실을 부정하는 활동인 순수한 통찰은 세계의 본질을 피안에 있는 신이 아닌, 절대적인 자아로, 즉 사유하는 자아로 이해한다. 순수한 통찰로서 사유하는 의식은 존재하는 모든 것들을 사유를 통해 개념으로 포착하며, 이러한 개념을 진리로 규정한다. 이러한 자아는 자신에게 내재해 있는 이성에 대한 절대적인 확신을 근거로, 기존에 존재했던 모든 것들을 거부하고 이 세계를 이성적인 사유에 의해 새롭게 정립하려고 시도한다. 또한 순수한 부정적인 활동에 의존해 있는 순수한 통찰로서 자아는 순수한 통찰이 이성에 근거해 있는 한 한 개인의 통찰이 아닌, 모든 개인들이 순수한 통찰의 소유자가 되도록 시도한다. 따라서 "순수한 통찰은 모든 의식을 향해서 너희들 모두의 본래적인 모습을 자각해야만 한다고, 즉 이성적이어야만 한다고 소리 높여 외치는 정신"이라 할 수 있다. 이러한 순수한 통찰은 근대의 지배적인 정신적 이념이라 할 수 있는 계몽주의 사상에 의해 구체적으로 표현된다.

2) 계몽주의

헤겔에 의하면 근대의 정신적 이념인 계몽주의는 순수한 통찰에 근거해 있다. 이미 앞에서 살펴본 것처럼 순수한 통찰은 어떠한 내용도 지니지 않는 의식의 부정적인 활동이다. 순수한 통찰의 본질을 이루는 것은 순수한 의식으로서 자기 자신, 즉 자아이며, 이러한 자아는 오직 자신만이, 자신에 내재하는 이성만이 절대적인 것으로 인식한다. 자아가 의존하고 있는 이러한 이성은 그러나 어떠한 내용도 없는 단순한 부정적인 활동이므로, 즉 자기 자신의 확신에 의존해서 존재하는 모든 것을 부정하는 활동이므로 추상적일 뿐이다. 순수한 통찰로서 계몽주의는 추상적인 이성의 담지자인 자아에 의존해 있으며, 이러한 자아를 부정하는 신앙에 대해 부정적인 운동을 펼침으로써 자신을 구체적으로 실현해 나간다.

계몽주의적 이성에게 있어서 신앙은 이성과 진리에 어긋나 있을 뿐만 아니라 미신과 편견과 오류로 가득 차 있으며, 따라서 이성은 비합리적인 신에 관한 지라고 할 수 있는 신앙과의 투쟁 속에서 자신의 본래적인 힘을 발휘한다. 계몽주의는 신앙을 무반성적으로 받아들이는 소박한 의식을 지닌 대중과, 이러한 대중을 기만하며 사악한 욕망으로 가득 차 있는 성직자들을 자신이 투쟁해야 할 대상으로 삼는다. 그러나 계몽주의는 오직 대중을 편견이나 오류에서 구출하는 것을 우선적인 일로 간주하는데, 성직자들은 무조건적으로 복종하는 순박한 대중들에게 자신들의 존립 기반을 지니고 있기 때문에 대중들이 계몽되어 신앙으로부터 벗어나면 성직자들은 저절로 몰락하게 되기 때문이다. 계몽주의가 순박한 대중들을 신앙에서 벗어나게 하기 위해 행하는 투쟁은 "고이 가라앉아 있는 대기 속으로 소리 없이 안개가 번져 나가는" 것과 같이 조용한 방식으로 진행된다. 헤겔에 의하면 순수한 통찰과 신앙은 소외된 현실세계를 부정하는 순수한 의식이라는 점에서 동일한 토대를 지니고 있다. 따라서 순수한 통찰에 근거해 있는 계몽주의는 신앙에 의해 현혹된 순박한 대중이 순수한 통찰을 자각할 수 있도록 유도하면 된다. 그리하여 계몽주의는 대중들에게 다가가 자신들의 주장을 알리고 전파함으로써 순박한 대중의 억압된 의식을 각성시켜 종교적인 억압으로부터 벗어날 수 있게 한다.

계몽주의는 신앙 자체를 첫 번째는 신의 문제와 관련하여, 두 번째는 신에 관한 진리와 관련하여, 그리고 세 번째는 신앙 속에서 행해지는 봉사하는 행위와 관련하여 비판한다. 첫째, 계몽주의는 신앙이 자아를 포기하고, 전혀 자신과 다른 실체인 절대적인 신에 의존해 있다는 것이다. 계몽주의에 따르면 이러한 신은 인간을 넘어서는 초월적인 존재가 아니라, 인간의 사유가 만들어 낸 허구일 뿐이라는 것이다. 둘째, 신앙이 주장하는 지는 직접적인 지이다. 신앙은 신을 직접적으로 알 수 있다고 하며, 이러한 지의 근거를 예수의 탄생이라는 역사적 사건에서 찾는다. 그러나 계몽주의에 따르면 이러한 근거는 우연한 역사적 사건에 불가할 뿐 신에 관한 진리를 알려 주는 절대적인 것이 될 수가 없다는 것이다. 셋째, 계몽주의는 신앙이 신과의 합일을 위해 자연적인 향유를 거부하고 숭배와 봉사를 하는 행위는 이성에 합당하지 않다고 비판한다. 신앙에 있어서는 숭배와 봉사는 신과의 합일을 위한 수단일 뿐인데 마치 자신들의 봉사하는 행위가 목적인 것처럼, 그리하여 자신들이 희생하는 것처럼 하는 것은 순수하지 않다는 것이다.

헤겔은 이러한 계몽주의적 비판이 지닌 한계를 신앙의 입장에서 지적한다. 첫 번째 비판과 관련해서 헤겔은 신앙에서의 신은 인간의 자기의식의 반영으로 규정한다. 절대적인 신은 사실은 신앙인의 의식을 표현하는 것이며, 계몽주의가 순수한 의식에 근거해 있는 것처럼 신앙의 절대적인 신도 순수한 의식에 근거해 있을 뿐이다. 신앙에 있어서는 인간의 의식이 단지 신에 투영되었을 뿐이며, 그러는 한에 있어서 신앙은 계몽주의적 관점과 근본적으로 차이가 없다고 할 수 있다. 신앙인은 신이 인간의 의식에 내재해 있는 것으로 이해한다. 따라서 신앙에서 신이 인간의 의식과 완전히 분리되어서 독자적으로 존재하는 것처럼, 혹은 신이 인간의 의식과 무관하게 피안에만 있는 것처럼 이해하는 계몽주의적 비판은 신앙을 잘못 이해하는 것이라 할 수 있다. 두 번째 비판과 관련해서 헤겔은 신앙이 주장하는 진리는 직접적인 것이 아니며 예수에 의해 매개된 지로 이해한다. 이러한 매개의 요소로 신앙은 역사적 사건을 도입시킨 것일 뿐이다. 계몽주의적 비판의 오류는 매개된 진리로서 신을 주장하는 신앙의 관점을 신에 관한 직접적인 지와 예수라는 역사적 근거로, 하나의 사실을 따로 분리시켜 사유하는 데서 야기된다. 세 번째 비판과 관련해서 헤겔은 봉사와 금욕과 같은 신앙의 행위 속에서 자신만을 절대적으로 생각하는, 생명에서 야기되는 인간의 욕구와 같은 자연성의 극복을, 즉 도야의 요소를 발견할 수 있다고 규정한다. 따라서 이러한 행위를 신과의 합일을 위한 위선적인 행위로만 간주하는 계몽주의적 비판은 신앙의 순수한 의도를 오해한 것이라고 할 수 있다.

신앙과의 투쟁에서 계몽주의는 궁극적으로 승리하지만, 피안의 절대적인 신앙의 세계를 거부한 계몽주의는 순수한 통찰에 의거한 부정하는 활동이기 때문에 현실세계에서 절대적인 것을 정립할 수 없다. 계몽주의적 이성은 순수한 의식인 절대적 자아에 의존해 있으며, 부정성을 본질로 하기 때문에 부정할 대상인 타자를 필요로 한다. 타자의 존재 없이 부정적인 활동은 불가능하기 때문이다. 또한 계몽주의는 자신에 대한 순수한 확신 속에서 초월적이며 영원한 것을 부정함으로써 유한한, 그리고 현실에 존재하는 것에만 관심을 갖는다. 헤겔은 이러한 계몽주의적 이성이 현실세계에서 구체적으로 표현된 것을 근대시대 실천적인 원리 중의 하나로 등장한 '유용성' 속에서 발견한다. 어떤 사물이 '유용한 것'이라는 것은 그 사물이 자체적으로 존재하는 것을 의미하지만, 자체적으로 존재하는 것은 하나의 요소에 불과하며, 이러한 사물은 절대적으로 타자에 대해서 존재하는 것이어야만 한다. 유용하다는 것은 항상 무엇인가를 위해서 유용한 것이기 때문이다.

단순히 부정적인 사유의 활동이었던 순수한 통찰에 근거한 계몽주의적 이성은 자신의 형식주의적인 공허함을 벗어나 유용한 것 속에서 비로소 자신의 구체적인 내용을 발견한다. 계몽주의적 이성이 자신에 대한 절대적 확신에 있었던 것처럼, 유용성의 세계도 또한 자기 확신이 진리가 되는 세계이다. 물론 이러한 확신은 한 개별자의 확신은 아니며, 보편성에 기반한 자기 확신이다. 유용성은 나만의 유용성이 아닌, 모두에게 유용하여야 한다는 보편적인 내용을 담지하고 있다. 그러나 유용성의 이러한 보편적 성격은 궁극적으로 오직 절대적인 자아, 즉 이러한 자아의 확신에 의존해 있다. 모두에게 유용한 것이 무엇인지에 대한 궁극적 판단은 결국 개인이 할 수밖에 없기 때문이다. 순수한 통찰로서 계몽주의적 의식은 절대적인 실재를 부정한다는 점에서, 그리고 자아의 절대적인 확신에 의존해 있다는 점에서 유용성과 동일한 지반 위에 있다는 사실을 자각한다. 따라서 소외된 세계로 규정함으로써 종교의 세계에 대해 행했던 계몽주의의 투쟁은 유용성의 세계에서 종식되며, 유용성 속에서 비로소 자기만족과 자기확신을 획득하게 된다.

3) 절대적 자유와 공포

현실세계가 자신의 행위의 결과임을 자각하는 정신은, 현실세계에서 소외되며, 이러한 소외를 극복하기 위해 현실세계를 초월하는 신앙과 이성적인 자아로서 자신에 대한 확신에 근거한 순수한 통찰을 거쳐, 소외된 의식인 신앙과 투쟁하는 계몽주의에 도달하게 된다. 내용이 없이 단순히 부정하는 활동인 계몽주의는 유용성 속에서 자신의 구체적인 모습을 발견하지만 유용성은 소외된 의식이 지향하는 하나의 목적이자 술어일 뿐이다. 예를 들면 나무가 침대를 만드는 데 유용하다거나, 혹은 신은 우리에게 마음의 평화를 주니까 유용하다는 의식에는 유용성이 자신의 행위의 목적이며 자신의 행동의 방향을 제시하는 술어라는 사실을 함축하고 있다. 이제 정신은 단순히 술어로 작용하는 유용성의 세계를 벗어나 자기 자신이 바로 현실세계라는, 즉 자신이 현실세계의 주인인 주체라는 사실을 자각하는 '절대적 자유'의 의식을 지니게 된다.

절대적 자유의 의식은 사유와 자기확신에 근거해 부정적인 활동을 펼쳐 가는 순수한 통찰이 도달할 수 있는 필연적인 결과라 할 수 있다. 자기 자신에 대한 절대적 확신에 근거해서 현존하는 것들을 부정하는 순수한 통찰은 결국 부정하는 자아인 자기 자신으로 복귀할 수밖에 없기 때문이다. 신앙으로 도피했던 의식은 단순히 부정하는 활동만을 하는 계몽주의를 거쳐 유용한 바깥세계로부터 결국 자기 자신으로 다시 되돌아오는 것이다. 자기 자신을 확신하는 의식은 현실세계의 진리를 더 이상 절대적인 신에게서, 혹은 유용한 세계 속에서가 아닌, 자기 자신에게서 찾는다. 이러한 의식은 자신이 현실세계와 초감각적인 세계의 본질을 이루며, 따라서 현실세계와 신은 자신이 만들어 작품일 뿐이라는 사실을 자각한다. 이와 함께 의식은 절대적 자유에 도달하며, 이러한 자유를 현실세계에서 실현하고자 하는 의지, 즉 공동의지로 나타난다. 따라서 세계는 인간의 주체적인 공동의지가 발현된 것이며, 자유를 실현하고자 하는 공동의지의 활동의 장이 된다.

공동의지는 모든 개인의 의지가 총체성을 이루어 나타난 의지이며, 이러한 개인들의 의지의 활동에 토대를 두고 있다. 의지란 원래는 개별적인 의식으로 표현될 수밖에 없으나, 이러한 개인들이 자각적인 주체가 되어 의식적으로 타인들과 일체가 되어, 모든 일에 동참함으로써 개인들의 행위는 전체의 행위로 등장하게 된다. 개인들은 자신들의 목적이 공동의 목적이, 자신들의 언어가 공동의 법칙이, 자신들의 작업이 공동의 작업이 됨으로써 공동의지에 귀속되며, 이러한 공동의지를 통해 자신들의 절대적 자유가 실현될 수 있음을 확신한다. 개인들은 공동의지가 자신의 본질을 이루고 있는 것으로 간주함으로써 오직 공동의지를 구성하고 있는 전체를 위한 노동과 작업 속에서 자기가 구체적으로 실현되고 있음을 의식한다.

그러나 이러한 공동의지는 오직 개별자로서만 현실세계에 등장한다. 국민에 의해 직접적으로 선출되었든, 의회에서 간접적으로 선출되었든 간에 공동의지를 현실적으로 수행하는 자는 항상 왕으로 표현되든 대통령이나 총리로 표현되든 하나의 단일자로 나타난다. 따라서 결국 공동의 의지는 이러한 의지를 구체적으로 실현하는 개별자의 의지로 환원된다. 또한 공동의지로 표출되든, 개별자로 환원된 개별자의 의지로 표출되든 이러한 의지는 자신이 현실세계의 주인인 주체라는, 자신에 대한 절대적인 확신에 근거해 있는 자기의식에 근거해 있다. 자신에 대한 절대적인 확신 속에 있는 자기의식으로서 의지는 자신의 사유에 의해 정립한, 즉 자신의 이성에 의해 타당하다고 생각하는 보편적인 자유를 현실세계에 새롭게 구축하고자 한다.

그러나 현존하는 현실세계에 의해 매개되지 않고 오직 자신의 직접적인 순수한 사유에 의해 보편적 자유를 실현하고자 하는 자기의식으로서 의지는 이 세계에 대해 오직 "순수한 부정성"으로 자신을 드러낸다. 순수한 통찰이 부정하는 활동이었던 것처럼, 이러한 의지 또한 기존의 세계를 파괴하고 거부함으로써, 현실에 존재하는 사회제도를 완전히 해체하여 자신의 절대적 자유가 확고하게 정립되도록 한다. 이러한 의지에게는 오직 자신을, 자신의 순수한 사유 속에서 정립된 것만을 실현시키는 것만이 진정한 자유이기 때문이다. 따라서 세계 속에서 보편적인 자유를 실현하고

자 하는 의지는 세계를 긍정적으로 창출하기보다는, 오히려 세계를 부정하는 행위를 통해 "모든 것을 파괴시키는 광란die Furie des Verschwindens"으로 변하게 된다.

헤겔은 자기 자신을 절대적으로 확신하는 자기의식의 이러한 극단적인 모습을 프랑스혁명 속에서, 그리고 프랑스혁명 과정에서 나타나는 자코뱅당의 로베스피에르 속에서 발견한다. 특히 로베스피에르는 자유를 실현한다는 자신의 확고한 신념 속에서 수많은 사람들을 죽음으로 몰아넣는 공포정치를 수행한다. 절대적인 자유를 추구하는 자기의식으로서의 의지는 결국은 기존의 현실세계를 거부하며, 오직 "죽음"을 통해 자기 확실성을 추구하는 절대적 권력의 원천으로 나타난다. 로베스피에르가 현존하는 모든 것과 주어진 것을 전복시키고 추구하고자 했던 절대적인 자유는 헤겔에 의하면 "가장 공포스럽고 잔인한 사건"이 되었다. 이러한 절대적 자유는 "어떠한 긍정적인 것도, 어떠한 충만함도 자체 내에 지니고 있지 않은, 부정적인 것에 대한 순수한 공포"로 나타난다. 개인들은 공동의지를 대변하는 이러한 의지 속에서 자유 대신에 억압을, 해방 대신에 공포만을 느끼게 된다. 이와 함께 자기의식이 추구하는 절대적인 자유의 개념, 즉 공동의지만이 개별자의 의지를 적극적으로 발현할 수 있으며, 개인은 오직 이러한 공동의지 속에서만 자신을 실현할 수 있다는 개념은, 현실세계에서는 전혀 다른 방식으로 구체화된다. 헤겔이 "절대적 자유와 공포"로 '정신' 장을 통해 상징적으로 표현하고 있는 자코뱅당의 공포정치는 자기 자신에 대한 절대적 확신 속에 있는, 추상적인 자기의식이 추구하는 절대적 자유의 필연적 귀결이라 할 수 있다.

3. 자기를 확신하는 정신: 도덕성

1) 도덕적 세계관

소외된 세계로서 형성의 세계는 자기 자신이 세계의 실재이며, 세계는 자신의 작품이라는 자기의식의 확신에 근거해 있다. 이러한 자기의식은 자신의 본질을 자신의 밖에 존재하는, 자신이 스스로 형성한 현실세계와 신앙세계에 두었으며, 결국 이러한 세계로부터 소외를 경험한다. 이러한 과정을 거쳐 자기의식은 자신의 본질이 바로 자기 자신 내에 있다는 것을 자각하게 되는데, 이러한 의식을 헤겔은 '도덕적 정신'으로 규정한다. 즉 절대적 자유로부터 공포와 죽음을 경험한 의식이 이러한 자유를 외적 세계에서가 아니라, 바로 자신의 내부에 있다는 사실을 알게 될 때, 의식은 '도덕적 정신'으로 나타난다. 도덕적 정신으로서 의식은 자기 자신에 대한 확신 그 자체가 순수한 지가 됨으로써 자기의식이 이제껏 겪어 왔던 자기 자신에 대한 확신과 외부 대상세계와의 대립을 극복하며 이와 함께 소외를 극복한다. 이제 의식은 피안에서 자유를 추구하거나 혹은 자신이 확신하는 자유를 현실세계에 실현하려고 하지 않으며, 오직 자신이 자유롭다는 사실을 아는 데서 절대적인 자유를 누리며 자신의 자유를 아는 것이 의식의 목적이자 내용이 된다.

칸트의 도덕철학에 대한 비판적인 논의를 담고 있는 '도덕적 세계관'은 자신의 의무를 절대적인 것으로 인식하는 자기의식으로부터 출발한다. 헤겔에 의하면 도덕적 자기 의식은 자신의 도덕적 의무를 자기 자신과 동일시한다. 즉 도덕적 자기의식은 의무가 어떤 외적 강제에 의해서 그에게 부과되는 것이 아니라 바로 자기 자신이 스스로에게 부과한 것이며, 따라서 자신의 본질을 규정하는 것으로 이해한다. 그러나 도덕적 자기의식은 직접적으로 존재하는 것이 아니라 어떤 타자에 의한 매개를 전제한다. 인간이 그 자체로 도덕적이라면 도덕을 자신의 의무로 설정할 필요가 없기 때문이다. 그는 자연이라는 외부세계에 노출되어 있을 뿐만 아니라, 동시에 내적 자연이라 할 수 있는 본능과 욕망, 그리고 충동을 자신 안에 지니고 있다. 이러한 자연이 존재하기 때문에 도덕의식은 이에 반한 자신의 도덕적 의무를 실행하고자 하는 것이다.

도덕의식은 본능과 욕망과 같은 이러한 자연을 참다운 세계가 아니며, 참다운 자아가 아닌 것으로 규정하며 자연은 도덕적 자유와 대립되어 있기 때문에 극복되어야 하는 것으로 이해한다. 도덕의식에게 본질적인 것이란 의무를 행하는 일이며, 이러한 의무는 자연과는 전혀 관련이 없다. 자연 또한 도덕적 의무와는 아무런 연관이 없는 나름의 법칙을 지니고 있다. 따라서 도덕적 의무와 자연의 법칙은 각각 서로 독립적으로 존재하는 것처럼 보인다. 그러나 동시에 이러한 각각의 독자성은 필연적으로 연관될 수밖에 없는데, 자기의식은 이 둘 모두에 관여할 수밖에 없기 때문이다. 도덕 의식은 도덕을 본질적이며, 자연을 비본질적인 것으로 간주함으로써 자연을 자신에게 종속시킨다. 도덕적 의무와 자연의 이러한 관계, 한편으로는 각각 자립적이지만 동시에 자연의 도덕적 의무에의 종속이라는 도덕적 의무와 자연의 이러한 관계는 모순적이며, 도덕적 세계관은 이 둘 사이의 관계의 종합을 요청함으로써 이러한 모순을 극복하고자 한다.

헤겔은 이러한 종합에의 요청을 두 가지 방식으로 구분하여 서술한다. 첫 번째 요청은 자연적인 질서와 도덕적 질서의 종합이다. 도덕적 의식은 의무를 자신의 본질로 이해하며 이를 행동을 통해 실현하고자 한다. 그러나 의무의 실현은 도덕의식과는 다른 법칙이 지배하는 현실세계(자연세계를 포함한)를 전제할 수밖에 없다. 따라서 도덕의식이 자신의 의무를 실행할 경우, 그는 그러한 행위의 결과로 현실세계에서 행복을 느낄 수도 있으며, 오히려 불행해질 수도 있다. 즉 도덕과 행복은 서로 밀접하게 연관되어 있지 않으며, 우연성에 의해 좌우된다. 예를 들어 내가 누군가를 도울 경우, 그러한 선행이 인정받을 경우 나는 행복을 느낄 수도 있고, 혹은 도움을 받는 자가 오히려 나의 선행을 불쾌하게 생각한다면 나는 불행을 느낄 수도 있는 것이다. 물론 도덕의식은 행복을 자신의 의무와는 아무런 상관없는 것으로, 자신의 목적은 오직 의무를 행하는 것이기 때문에 의무를 행복이라는 목적과는 철저히 분리시킬 수 있다. 그러나 헤겔에 의하면 행복이란 외부적 상황에 의해서만 규정되는 심적 상태만은 아니다. 예술가가 자신의 작품 속에서 자기 자신을 발견하는 것처럼, 행복이란 자신을 실현하는 결과 속에서 자기 자신을 발견함으로써 얻게 되는 충족감인 것이다. 이러한 자기실현은 모든 개체에 내재하는 자연적 법칙이라 할 수 있으며, 따라서 행복과 도덕적 의무의 조화를, 즉 자연적 질서와 도덕적 질서의 조화를 요청하게 된다. 의무만으로는 이러한 자기실현이 불가능하기 때문이다.

두 번째 요청은 도덕의식과 인간의 내적 자연인 감정이나 충동과의 종합이다. 인간은 순수한 도덕적 의무를 행하려 하는 도덕의식을 지니고 있지만, 동시에 인간은 감성이나 충동이라는 내적 자연을 지니고 있으며, 도덕적 의무를 행하려고 할 경우 이러한 자연과 대립된다. 도덕의식은 자신의 내적 자연과의 투쟁 속에서 이러한 내적 자연을 자신에게 순응시켜, 감성이나 충동을 철저히 도덕적인 형태로 변형시키려고 한다. 그러나 이러한 변형을 통해 도덕적 의무와 자연으로의 경향성의 대립이 완전히 지향되지는 않으며, 따라서 이 둘 사이의 통일이 요청된다.

도덕의식이 행동을 통해 자신의 의무를 수행하고자 할 때 나타나는 이러한 대립은 궁극적으로 도덕의식과 현실의식의 대립으로 표현된다. 한편으로는 도덕적 의무를 절대시하는 도덕의식이 있으며, 다른 한편으로는 행동을 통해 구체적으로 의무를 실현하고자 할 때 도덕의식은 자신과 다른 의식, 즉 현실의식을 마주하게 된다. 예를 들면 절대 남의 물건을 훔치지 말아야 한다는 도덕의식에, 며칠을 굶어 빵을 훔치고 싶다는 현실적인 의식이 등장한다. 이러한 현실의식은 불완전한 도덕의식이며, 도덕적 세계관은 구체적인 현실과 대립하는 사유나 개념을 통해 이러한 현실의식을 극복하고자 한다. 즉 완전함이란 언제나 사고에 의해 가능한 것이며, 현실이 아닌, 피안에서 가능할 수 있는 것이다. 현실에서는 도덕적으로 불완전한 행동이 지배한다 할지라도 사고나 개념은 이러한 현실을 벗어나 순수한 도덕적 의무나 지를 표상할 수 있기 때문에, 도덕적 세계관은 사유를 통해 매개된 도덕의식이 현실의식을 부정함으로써 대립을 해소되며, 현실과 순수한 의무를 통일시킨다.

2) 뒤바뀜

헤겔은 도덕적 세계관에 내재하는 다양한 모순을 추적하면서 궁극적으로 사유를 통해 현실의식과 도덕의식을 매개하고자 했던 도덕적 세계관의 허구성을 드러낸다. 특히 헤겔은 도덕의식이 추구하는 것이 오히려 반대되는 것으로 뒤바뀌는 상황을 구체적으로 나타내 보임으로써 도덕적 세계관이 직면하게 되는 한계를 명확하게 보여 준다. 헤겔은 도덕적 세계관이 사유 속에서 현실과 도덕의 대립을 극복하는 것을 비판하는 것으로부터 시작하는데, 도덕은 사유 속에 머물러 있는 것이 아니라 행동하는 데서 비로소 현실성을 지니게 되기 때문이다. 또한 행동은 도덕적인 목적을 현실에 실행함으로써 도덕적인 목적과 현실을 통일시키고자 하며, 따라서 행동은 도덕적인 목적과 현실을 통일시키는 매개체라 할 수 있다. 그러나 행동이 바로 도덕적 목적을 실행한다면 도덕적 목적과 현실의 통일에 대한 요청은 불필요한 것이 될 것이다. 즉 자연과 도덕의 통일을 '최고선'이라고 한다면, 그리고 행동을 통해 현실에서 이러한 것이 실현된다면 도덕적인 행동이란 더 이상 존립할 필요가 없어진다. 도덕적 행동은 지양되어야 할 부정적인 요소를 전제로 해서만 의미가 있는데, 도덕과 자연이 일치되는 '최고선'에서는 지양되어야 할 부정적인 것이 더 이상 존재하지 않기 때문이다.

또한 도덕의식은 자신의 순수한 의무를 실현하기 위해서는 감정이나 충동을 자신에게 종속시켜야만 한다. 그러나 감정이나 충동은 어떤 행동을 가능하게 하는 열정으로서, 순수한 의식과 현실을 연결시키는 근원적인 힘이다. 따라서 도덕적 행동은 충동을 자신의 도덕의식과 조화시키려고 하며, 이러한 조화는 도덕의 완성을 의미한다. 그러나 도덕의 완성은 도덕 자체가 사라지게 되는 결과를 초래하게 되는데, 도덕은 오직 도덕에 대립하는 것, 즉 감정이나 충동을 전제하기 때문이다. 이와 관련하여 도덕의 목적을 미완성의 중간 상태에 두기도 하는데, 그러나 수행하고자 하는 순수한 도덕적 의무에는 양적인 차이가 있을 수 없다. 또한 도덕이 본래 미완성으로 그칠 수밖에 없다면 어떤 개인에 대해 비도덕적이라고 비난하는 것은 아무런 의미가 없는 것이 되고 만다. 결국 개인들은 도덕적 의무와 자신의 감정이나 충동 사이에서 행동을 하게 되는데, 어떤 행동이 더 도덕적이며, 어떤 행동이 더 비도덕적인지 객관적으로 측정하는 것이 불가능하기 때문이다. 따라서 도덕의식은 이러한 감정이나 충동으로부터 자신을 단절시키고 순수한 도덕적 의무에만 매달린다면 도덕의식은 현실성을 결여한 추상적인 사념으로 전락하게 되며, 순수한 의무를 사고하고 이를 행위로 옮긴다는 도덕적 개념 자체가 사라져 버리게 된다.

결국 도덕의식은 자신의 현실성을 나타내는 도덕적 행동에 있어서나, 혹은 자연적인 감정이나 충동과의 조화에 있어서나 자신이 목적으로 삼는 것이 오히려 정반대의 결과를 초래하게 됨을 자각하게 된다. 이러한 상호적인 뒤바뀜 속에서 도덕의식이 목적으로 삼는 순수한 도덕적 의무는 사실은 자기의식의 자아일 뿐이며, 사유 속에서 행한 현실 의식과 도덕의식, 그리고 자연과 도덕의 통일은 진리와는 다른 것으로 드러난다. 그리하여 도덕의식은 도덕적 관념을 매개하지 않고 자체 내에서 자신을 확신하는 단일한 정신인 양심으로 복귀함으로써 도덕적 세계관이 지닌 모순으로부터 벗어난다.

3) 양심: 아름다운 혼, 악과 악의 용서

순수한 의무에서 자신의 진리를 찾았던 도덕의식은 이러한 관념으로부터 벗어나 자기 자신에 대한 직접적인 확신이 진리임을 자각함으로써 양심이 된다. 도덕의식이 자신의 진리로 규정했던 순수한 의무는 사실은 바로 자기 자신이었으며, 이러한 의무에 대한 의식은 현실세계와는 무관하게 존재하는 것이 아니라 바로 현실세계 속에 존재하는 자아인 것이다. 이와 함께 현실적인 것이 동시에 순수한 지이며 순수한 의무로 인식하는 양심으로서 자아 속에서 도덕적 세계관을 지배했던 도덕의식과 현실의식의 분열은 극복된다. 또한 인륜적 세계에서의 법의 추상성과 소외, 공동의지의 폭력성과 도덕적 의무의 형식성을 벗어나 자기 확신에 근거해 있는 양심으로서 자아는 자기 자신을 구체적으로 실현하는 것을 통해 도덕적 존재가 되며, 자신의 행동은 구체적인 도덕적 형태를 지니게 된다. 의무는 더 이상 자신에 대립하는 보편적인 법칙이 아니며, 오직 자기 자신의 지와 확신이 보편적인 법칙으로서 의무가 된다. 따라서 양심적인 자아에 있어서는 "법칙이 자신을 위하여 있는 것이지, 자기가 법칙을 위해 있는 것이 아니다."

절대적인 자기 확신에 의존해 있는 양심으로서 자아의 행동은 개별적인 것으로 표현된다. 그러나 자아는 양심인 한에 있어서 보편성을 자신 안에 담지하고 있으며, 따라서 자신의 개별적인 행동을 구체적인 현실세계에서 타인들에게 인정받도록 한다. 즉 그는 자신의 행동 속에서 타인을 인정할 뿐 아니라 동시에 자신의 행동이 타인으로부터 인정받아야 한다는 사실을 인식하고 있다. 따라서 자기 확신에 따른 양심으로서 자아의 행동은 주관성만이 아니며, 객관성과 현실성을 동시에 함축하고 있다. 따라서 양심으로 서의 자아에게는 그의 앎에 있어서나 행위에 있어서 보편 의식과 자아라는 고유한 의식의 구별이 지양되어 있으며, 자기 확신에 따른 행위는 바로 법칙이며 보편적인 의무이 기도 하다. 인륜적 세계와의 통일 속에 있었던 인륜적 개인 과 현실을 자신의 세계로 자각했던 절대적인 주체, 그리고 도덕성 속에서 참된 진리를 발견했던 도덕적 의식은 보편 적인 의식 속에서 자신을 절대적으로 확신하는, 그리고 이 러한 확신에 따라 직접적으로 행동하는 양심적인 자아 속 으로 흡수되며, 자아는 이 모든 요소들을 자신 안에 끌어안 고 있는 절대적인 주체로 존재한다.

양심으로서 자아에게서 무엇보다도 중요한 것은 무엇이 도덕적인 것인지에 대한 앎이다. 이러한 앎은 매개되어 있 지 않는, 직접적인 확신으로서의 앎인데, 이러한 앎을 토대 로 자아는 구체적인 행동을 취하게 된다. 헤겔에 의하면 자 아의 앎의 내용은 공동체가 지향하는 보편성과 양심적 자 아의 독자적인 특수성의 결합으로 나타난다. 양심의 내용 은 관습이나 교육, 그리고 사람들의 보편적인 의식, 즉 정신에 의존해 있으며, 동시에 개별적인 자아의 특수한 정서나 소질, 그리고 감정 등으로 구성된다. 즉 양심으로서 자아가 행동 속에 구체적으로 실현하고자 하는 내용이나 의무에 대한 앎은 모두 보편적인 정신을 자기의 것으로 받아들이면서 동시에 자신의 특수한 감정이나 소질을 취하는 것을 통해 형성된다. 그러나 자아의 앎이 보편성과 특수성의 통일 속에 존재하지만, 양심으로서의 자아는 자신에 대한 절대적인 확신 속에 있는 존재이다. 따라서 양심의 내용을 구성하는 보편성과 특수성의 통일 또한 자아의 이러한 확신에 의존해 있으며, 양심적 자아에게는 궁극적으로 자기 자신에 대한 확신이 직접적인 진리라 할 수 있다. 따라서 양심의 진리는 자아의 특수한 요소, 즉 충동이나 감정과 같은 자연적 요소를 필연적으로 내포하게 되며, 이와 함께 진리는 자의성과 우연성에 내맡겨지게 된다.

또한 자아의 앎은 칸트의 정언 명법과 같은 추상적인 형식에 의존에 있는 것이 아닌, 구체적인 상황 속에서 발생한다. 즉 양심적 자아가 실천해야 할 의무는 추상적이며, 보편적인 것이 아닌, 현실적인 상황 속에서 무엇이 옳은 것인지에 대한 구체적인 앎에 근거해 있다. 이러한 현실은 다양한 요소들로 구성되어 있을 뿐 아니라, 눈앞에 구체적으로 보이는 현실 배후에 있는 여러 조건들이 결부되어 있는 복합적인 것이다. 양심으로서의 자아는 자신의 앎을 완전한 것으로 이해하지만, 현실이 놓여 있는 이러한 측면들을 고려하면 결국 이러한 앎은 불완전한 것일 수밖에 없다. 그리하여 양심이 확신하는 진리가 비진리성을 함축하게 되는 것은 불가피하게 된다.

양심으로서 자아의 앎에 내재해 있는 자의성과 우연성, 그리고 비진리성으로 인해 결국 보편성에 토대를 둔 의무의식과 자신의 특수성에 근거한 의무의식이 대립하게 된다. 보편적인 의식이 지배적인 현실세계에서 결국 특수성에 의존한 개별자는 지양되어야 할 대상으로 간주되는데, 보편의식의 측면에서 볼 때 그의 내면이 보편적인 의무에 일치하지 않는 개별의식은 '악'으로 규정되기 때문이다. 결국 구체적인 현실 속에서 양심적인 자아의 앎이 행동으로 실현될 때 개인과 공동체의 대립은 필연적인 것이 된다.

이러한 분열 속에서 여전히 자신을 확신하는 양심으로서

의 자아는 결국 자기 자신에게로 복귀하게 된다. 그는 더이상 행동하지 않으며, 현실세계로부터 자신을 분리하여 자기만족적인 주관성에 머무르게 된다. 헤겔은 내면으로 침잠하여, 분열된 현실을 관조할 뿐인 이러한 자아를 "아름다운 영혼"으로 규정하는데, 그에 의하면 이러한 자아는 자신을 외화함으로써 야기되는 현실적인 분열을 감당할 수 없는 무력한 존재일 뿐이다. 그는 보편성으로 고양되기는 했지만 자신의 주관성 속에서 벗어나지 못함으로써 자신의 내면적인 순수성만을 견지하고자 한다. 그러나 아름다운 혼은 자신의 순수한 자아와, 행동을 통해 자신을 현실세계에 실현해야 한다는 필연성과의 모순 속에 존재하게 된다. 헤겔에 의하면 이러한 모순의 극복은 자아가 자신의 외화 속에서 자기 자신에 대한 확신을 누리게 되는 종교를 통해 비로소 극복된다. 양심 속에서 자신의 참다운 모습을 발견했던 도덕적 의식은 도덕의 형태를 벗어나 새로운 정신의 형태인 종교로 나아가는데, 도덕은 종교 속에서 비로소 완성될 수 있기 때문이다.

6장
종교

1. 자연종교

헤겔은 『정신현상학』에서 종교적인 의식과 신앙에 대해 다양한 방식으로 언급하고 있다. 그리고 '정신' 장에서는 정신이 자신을 드러냄으로써 자유를 실현하고자 했던 각각의 형태들, 즉 개인과 공동체가 일체감 속에 있었던 고대의 인륜적 정신과 개인의 권리가 절대화됨으로써 개인과 공동체가 분열된 근대의 소외된 정신, 그리고 개인에 내재하는 도덕의식을 통해 이러한 분열을 극복하고자 한 도덕성을 서술하고 있다. 그러나 인간이 세계를 만드는 주체라는 정신으로서의 자기의식을 서술한 다음에 헤겔이 종교라는 하나의 독립된 장을 할애해 종교의 역사적인 형태를 상세하게 다루는 일은 조금은 의아스러운 일로 간주될 수 있다. 그러나 신의 숭배라는 제례의식을 통해 공동체 구성원들의 결속을 강화시킬 뿐 아니라 다양한 규범을 통해 사회적 질서를 가능하게 해 주며, 내세를 통해 현실의 고통을 극복할 수 있는 힘을 갖게 만드는, 종교가 인간의 삶과 역사에서 했던 다양한 역할을 고려할 때 종교는 인간의 사유가 만들어 낸 최고의 정신적 산물이라 할 수 있다. 물론 현대 사회에서는 이러한 종교의 의미가 많이 퇴색했지만, 오랜 역사를 통해 인간의 삶을 지배해 온 종교가 사회적으로나, 철학적으로 중요한 논의 대상이 되었던 근대에 헤겔이 종교를 하나의 고유한 장을 할애해 서술한 것은 특별한 일은 아니다. 헤겔이 의식의 발전 과정의 마지막 단계인 '절대지'를 서술하기 전에 종교를 다루는 것은 이미 언급한 것처럼 다양한 의미에서 종교가 인간의 자유의식과 관련해 중요한 의미를 지니고 있기 때문이다.

　헤겔은 종교를 모든 정신의 요소들이 총화된 것으로 이

해한다. 정신의 이러한 요소들은 정신이 자신을 드러내는 과정이자 동시에 의식의 발전 과정 속에서 나타난 '의식', '자기의식', '이성', '정신'들로 구성되어 있다. 따라서 종교는 대상세계 속에서 진리를 발견하려는 의식, 자신을 대상세계의 진리로 이해하는 자기의식, 사유를 통해 세계의 법칙을 이해하고 만들려는 이성, 세계의 주체로서 자기 자신을 절대적으로 확신하는 정신을 총체적으로 자신 안에 지니고 있는 절대정신으로 나타난다. 헤겔은 자신의 철학적 사유를 체계화한 『백과전서』에서 종교뿐 아니라 예술과 철학을 절대정신으로 규정하는데, 이런 맥락에서 살펴보면 절대정신은 인간의 이론적 진리와 실천적 진리를 포괄하는 정신을 의미한다고 할 수 있다.

절대정신으로서 종교는 '정신' 장의 마지막에 등장하는, 절대적인 자기 확신에 근거해 있는 정신의 궁극적 모습인 '양심'을 대상세계에 정립한 것이라 할 수 있다. 양심으로서 자아는 현실세계의 모든 것을, 도덕적 관념이나 표상을 모두 자기 자신에게 귀속시킴으로써 자신에 대한 절대적인 자기 확신을 지닌 자신이 어떠한 것에도 종속되지 않는다는 자립적인 자기의식이라 할 수 있다. 물론 이러한 자아는 현실과의 갈등을 이겨 내지 못하고 아름다운 영혼인 자신의 내면으로 도피한다. 그러나 절대적인 자립성을 지닌 양심으로서 자아가 내면으로 도피하지 않고, 현실세계에서 대상성을 지니게 될 때 자아는 종교의 모습을, 즉 종교적인 절대 신의 모습을 갖게 된다. 따라서 신은 자기 자신을 절대적으로 확신하는 자기의식의 대상화된 형태라 할 수 있으며, 양심의 주관성을 벗어나 보편성을 지닌 존재이다.

양심에서 자기 자신을 절대적으로 확신했던 순수한 자아는 자신의 내면성을 벗어나 현실세계 속에 자신을 드러냄으로써 보편적인 성격을 지닌 대상의 모습을 지니게 된다. 순수한 자아가 외화된 대상은 자아의 온갖 사유와 현실세계의 다양함이 상호 침투해서 응집된 자연물로 나타나는데, 이러한 자연물은 단순한 자연이 아니라 양심이라는 자아의 내적 완전성이 표상된 신적 성격을 지니게 된다. 이러한 자연물 속에서 자아는 대상이 지닌 성질들을 받아들이고, 자신의 행위, 즉 제례의식을 통해 자연물을 전적으로 자신의 것으로 만듦으로써 하나의 자연물을 다른 것들과 구별되는 본질적인 것으로 규정한다. 헤겔은 직접적인 방식으로 신격화된 자연물들을 빛의 신으로, 식물과 동물의 신으로, 그리고 인간의 노동을 통해 신의 존재가 표현된 피라미드와 오벨리스크로 나타낸다. 이러한 것들은 역사 속에서 나타난 종교의 형태로 각각 조로아스터교를, 초기의 인도 종교를, 그리고 이집트의 종교를 상징적으로 묘사하고 있다.

헤겔에 의하면 빛의 신은 "창조주에 의한 탄생의 비밀"을 표현하고 있다. 빛은 절대자로서 모든 것을 창조하는 것 속에서 자신의 위력을 발휘하며, 자신은 영원한 무한성으로 유한한 것에 대한 대립 속에서 자신을 표현한다. 빛으로 태어난 유한한 자연물들은 빛이라는 신의 속성에 불가한 것으로서 어떠한 자립성도 지니지 못하는 신의 종속물에 불가하다. 빛의 신은 왕이 전지전능한 절대적인 권력을 누리며 나머지 신하들은 이러한 왕에 종속적인 노예로 존재하는 동양의 전제주의라는 현실적인 정신을 반영하고 있다. 결국 형체가 없는 단일한 존재로서 빛의 신은 구체적인 형체가 있는, 자신이 만들어 낸 다양한 자연물 속에서 분열되며, 이러한 자연물들이 독자적인 신들로 분화된다.

그리하여 절대자는 자연에 직접적으로 존재하는 식물로, 그리고 동물로 나타나며, 유한한 자연물이 신적인 의미를 지니게 된다. 특히 헤겔은 동물의 종교를, 자신의 자립성을 인정받기 위해 생명을 건 투쟁이 지배하는 것으로 서술한다. 이러한 동물의 종교는 서로 간에 지속적으로 투쟁하는 민족정신을 반영하고 있다. 헤겔에 의하면 이러한 민족은 서로의 공동성을 만들어 내지 못한 채 투쟁만 일삼음으로써 동물적인 생활을 영위하며, 자신의 정신세계에 상응하는 동물을 자신들의 수호신으로 받든다. 자신의 독자적인 존재만을 주장하는 동물의 신은 서로가 서로를 부정함으로써 서로를 모두 소진시키며, 이와 함께 동물의 정신을 넘어서는 긍정적인 것으로서 노동하는 인간이 나타나게 된다. 노동하는 인간은 작품을 만들어 냄으로써 자신의 사유를 대상적인 사물로 만들어 내지만, 그러나 그는 아직 사물 속에서 자신을 인지하지 못한다. 그의 노동은 본능에 따른 행위로서 동물의 노동과 차이가 없다. 헤겔에 의하면 노동하는 인간에 의해 창조된 피라미드와 오벨리스크는 노동자의 정신을 표현한 것은 아니며, 이러한 작품은 오직 죽은 자의 혼으로만 이해될 뿐이다. 그러나 인간의 형상과 동물의 형상을 혼합하여 만든 스핑크스는 이전 작품들과는 달리 노동하는 인간의 정신을 어느 정도 함축하고 있다. 스핑크스는 자연에 존재하는 사물이 아니며 자연과 인간의 형상을 조합한 것으로서 인간 사유의 창조물이기 때문이다. 이러한 노동자의 노동에 의해 구현된 스핑크스는 다양한 민족으로 구성됨으로써 전체가 유기체적인 형식을 지녔지만 모든 개인들에게 자유가 주어지지는 않았던 이집트 사회의 정신을 형상화한 것이다. 이러한 사회는 헤겔에 의하면 엄청난 작품을 함께 제작하는 노동을 통해, 그리고 작품 속에 현존하는 죽은 자의 영혼을 통해 다양한 민족을 결속시키며, 이러한 결속은 궁극적으로 절대자의 억압적인 권력을 가능하게 하는 토대가 된다. 노동 속에서 자신의 사유가 투영된 작품을 만듦으로써, 그리고 작품 속에서 신의 위력을 나타냄으로써 노동하는 자의 노동은 단순한 행위의 성격을 벗어나게 된다. 그러나 노동하는 인간은 자신을 작품 속에 표현하고 있지는 않으며, 따라서 자신의 작품이라는 자각도 갖지 못한다. 이러한 자각이 이루어질 때 노동하는 인간은 비로소 예술가의 성격을 지니게 되며, 자연 종교는 예술 종교로 대체된다.

2. 예술종교

헤겔은 고대 그리스 사회에서의 종교적 정신을 예술종교를 통해 형상화한다. 그에 따르면 고대 그리스는 공동체가 개인들의 삶의 토대가 될 뿐 아니라 모든 개인들은 공동체의 관습과 법률을 자신의 의지와 행위에 근거한 것임을 자각하고 있는, 개인과 공동체가 일체감 속에 있었던 인륜적 공동체이다. 이러한 공동체 속에서 개인들은 비로소 자유가 가능해진다. 그러나 이러한 인륜적 자유는 개별자들의 자기의식이 전제되어 있지 않는 불안정한 것이다. 진정한 자유는 "나는 나"라는 자기 자신에 대한 의식, 자기의식을 전제하기 때문이다. 그러나 개인들이 자기 자신에 대한 절대적인 확신에 근거해 자신을 공동체로부터 분리하기 시작할 때 인륜적 공동체는 소멸된다. 헤겔은 고대 그리스에 나타난 인륜적 정신과 이러한 인륜적 정신이 소멸되는 과정을 예술종교를 통해 포착한다. 고대 그리스에서 종교적 정신은 주로 인간의 노동의 산물인 다양한 예술 작품들을 통해 형상화되기 때문이다. 이러한 과정은 객관적인 예술작품에서 주관성으로, 실체적인 것에서 주체로의 이행을 함축하고 있는데, 이러한 이행의 과정은 추상적인 예술작품, 생동하는 예술작품, 그리고 정신적인 예술작품을 통해 표현된다.

고대 그리스 신들은 처음에는 인간의 노동의 산물인 건축물과 조각상, 그리고 찬가라는 예술작품을 통해 표현된다. 건축물과 조각상들을 통해 표현된 신들은 인간의 형상을 하고 있는데, 자연종교에서 나타났던 동물들은, 미네르바를 상징하는 올빼미처럼 하나의 기호로 전락하며, 노동하는 인간에 근거해 있던 스핑크스처럼 인간과 섞여 있던 동물의 모습도 제거된다. 이러한 신들은 구체적인 자연물로서가 아닌, 자연 전체를 움직이는, 보편적인 자연법칙을 가능하게 하는 근원적인 힘으로 존재하며, 그러는 한에 있어서 그리스 신들은 여전히 자연과 가까이 있다. 그러나 자연의 보편적인 양태와 이에 대립해 자신을 드러내는 자각적인 인간 존재와의 통일이 그리스 신들의 본질을 구성하며, 따라서 그리스 신들은 더 이상 자연 신이 아니며, 자각적인 그리스 민족들의 인륜적 정신을 체현하고 있는 신이다.

그리스 민족의 정신을 체현한 신들의 모습은 건축물과 조각상, 그리고 찬가를 통해 구체적으로 나타난다. 이러한 작품들은 인간이 만든 것이지만 신성을 지닌 독자적이며, 자립적인 것으로 이해되며, 작품을 만든 인간의 행동은 이러한 작품 속에서 망각된다. 건축물과 조각상, 그리고 찬가는 고대 그리스의 정신을 반영한 것이지만, 예술가는 자기가 만들어 낸 작품을 보면서도 결코 자기가 만들어 낸 것과 동일한 것으로 간주하지는 않는다. 그가 만든 작품은 자기 자신으로부터 분리되어 독자적인 신성을 지니게 되며, 오히려 그에게 신적인 것으로 군림한다. 건축물과 조각상이 외면적인 형태로 신들을 표현한다면 찬가는 개인의 특수한 의식을 전체의식으로 용해시키는 개인의 특수한 내면성에 의존한다. 찬가를 만드는 예술가는 자신의 특수한 내면적인 행위를 만인의 행위와 동일시함으로써 신을 표현한다.

고대 그리스에서 외면성을 표현하는 건축물과 조각상, 그리고 내면성을 드러내는 찬가는 신에 대한 향연, 즉 제례의식과 축제를 통해 통일된다. 신에 대한 제례의식은 건축물과 조각상 앞에서 이루어지나, 제례의식의 진행은 찬가를 통해 이루어지기 때문이다. 인간의 내면성과 외면성을 매개하는 제례의식은 신적인 것과 인간적인 것, 그리고 본질적인 것과 인간의 자기의식의 생동하는 통일 속에서 절정을 이룬다. 제례의식을 지내는 가운데 인간은 자신을 넘어서 있는 초월적인 신에게 더 가까이 가며, 추상적인 신은 인간의 의식 속에서 현실성을 획득한다. 건축물과 조각상, 그리고 찬가들이 모두 한데 어우러지는 인간의 예술적인 행위의 총체적인 것으로서 제례의식은 인간의 예술적 작품들을 단순한 사물적인 것이 아닌 생명이 깃든 것으로 탄생시킨다. 이러한 제사 속에서 인간은 신과 합일되지만, 그러나 이러한 합일은 형식적인 측면만을 지니고 있는데, 고대 그리스 신들은 인간이 다가갈 수 없는 자연의 신비한 힘이라는 베일 속에 여전히 갇혀 있기 때문이다. 고대 그리스인들의 제례의식을 통해 표현된 예술적 행위는 한편으로는 공동체와 개인들의 통일의 의식을, 그러나 여전히 공동체의 위력 속에 무기력한 개인들의 자기의식을 구체적으로 보여 준다.

건축물과 조각상, 그리고 찬가 다음에 등장하는 고대 그리스인들의 서사시와 비극, 그리고 희극이라는 언어로 된 예술 작품은 신과 인간의 관계를 통해 그리스인들의 인륜적 정신의 완성을, 그리고 동시에 몰락을 보여 준다. 서사시에서는 신의 위력에 의한 신과 인간의 통일이 표현되고, 비극에서는 신과 인간의 대립이 표출되며, 궁극적으로 희극에서는 신적인 것의 상실과 함께 인간적인 것이 회복됨으로써 아름다운 인륜적 공동체가 점차로 해체되는 과정이 묘사되고 있다. 서사시에서는 시를 창작하는 개인의 특수성과 신의 보편성이 양극단으로 있는 가운데, 시인의 작품 속에 등장하는 영웅들이 이 둘을 매개하는 역할을 한다. 영웅은 개별적인 인간이지만, 자신의 특수한 이해관계를 벗어나 민족을 위해서 희생함으로써 민족이라는 보편성을 대변하기 때문이다. 서사시의 영웅은 자신의 행동을 자각하고 있다는 점에서 제례의식에서의 나타났던 공동체와 인간, 즉 신과 인간의 직접적인 통일과는 구별된다. 서사시에서 신들은 인간의 모습을 하고 있다는 점에서 영웅인 인간과 유사성을 지니지만, 그러나 초월적인 힘으로 인간을 조정함으로써 인간에 대한 자신의 위력을 드러낸다.

예를 들어 서사시의 주인공인 용감하고 지혜로운 오딧세이는 이상적인 인간의 전형으로 묘사된다. 그는 트로이 전쟁을 승리로 이끌고 여러 난관을 극복하고 유혹을 물리치며 결국 자신의 고향 이타카로 돌아오는 데 성공한다. 그는 이타카를, 즉 하나의 민족을 대변하는 인물이지만, 그러나 그의 영웅적인 행위와 성공에는 신들의 위력이 절대적인 영향을 미치고 있다. 인간의 위대성은 결국은 신의 작품일 뿐이다. 또한 영웅은 보편성을 내재하고 있다는 점에서 신과 유사하지만 궁극적으로 유한성과 특수성의 지배를 받는다는 점에서 신과는 전적으로 구별된다. 즉 신과 인간을 통일하는 상징적인 존재인, 따라서 강한 힘과 아름다운 영혼을 지니고 있는 영웅은 "자신의 생명이 끊긴다는 느낌을 안고, 다가오는 죽음을 직감하며 비탄에 빠진 존재"인 것이다. 결국 서사시에서 신과 인간의 통일을 가능하게 해 주는 영웅은 신에 의해 조정되는 무력한 존재로 묘사됨으로써, 서사시는 신의 강력한 위력, 즉 공동체의 개인에 대한 위력을 상징적으로 나타내고 있는 것이다.

서사시 다음에 등장하는 고대 그리스의 비극 작품들은 신의 절대적인 위력이 서서히 약해져 감으로써 야기되는 신과 인간의 갈등 관계를 구체적으로 드러내고 있다. 여기에서는 인륜적인 법칙이 신의 법칙과 인간의 법칙으로 양분되어 나타나는데 오이디푸스 비극은 신의 법칙의 승리를, 안티고네는 인간의 법칙의 승리를 상징적으로 암시하고 있다. 오이디푸스 비극은 인간의 노력에도 불구하고 신이 인간의 삶을 규정하는 존재이며, 인간은 필연의 힘으로서 신의 명령인 운명을 극복할 수 없다는 것을, 『안티고네』에서는 신의 법칙을 대변하는 안티고네가 인간의 법칙을 상징하는 크레온에게 죽음을 당하는 것을 통해 인간의 우월성을 보여 준다. 그러나 『안티고네』에서 안티고네의 불운이 동시에 주변 인간들의 몰락을 가져오게 됨으로써 여전히 존재하는 신의 위력이 간접적으로 표현된다.

비극에서는 여전히 신의 위력이, 이와 함께 공동체의 위력이 강하게 존재했다면, 비극이 성행하기 시작한 이후에 등장한 그리스 희극은 이러한 신과 인간의 관계를 완전히 역전시킨다. 희극에서는 신이 자연의 원소들을 상징하는 존재로 전락함으로써 신의 위력이 완전히 해체된다. 신적인 위력의 해체는 공동체 대신에 개인이, 보편성과 필연성 대신에 특수성과 우연성이 중심적인 가치가 되었다는 것을 의미한다. 희극에서는 신적인 질서나 공동체의 보편적인 질서가 특수한 개인들의 조롱의 대상이 되며, 이와 함께 보편정신에서 분리된 개별성의 원리가 현실의 인간들을 움직이게 하는 궁극적인 원리로 작동한다. 특히 개인들은 신성을 상실함으로써 자기 자신에 대한 절대적 확신에 도달하게 되며, 신에게 부여되었던, 그리고 공동체가 담지했던 보편적인 원리가 개인적인 자아의 사유와 생활과 행위 속으로 용해되어, 오직 자신을 확신하는 자아만이 절대적인 원리로 나타난다. 헤겔에 의하면 이러한 희극 작품을 통해 표현된 절대적인 자아 속에서 인간은 "자연이나 신이라는 자기의식 외부로부터 오는 공포를 극복하고, 자신과 다른 이질적인 것이 더 가치 있다는 생각으로부터 해방되어 마음의 안락함과 편안함"을 누리게 되며, 공동체와의 일체감에서 오는 인륜적 자유가 아닌, 자신에 대한 확신에서 오는 자신만의 고유한 자유를 누리게 된다. 자기 확신에 근거한 자기의식의 등장과 함께 고대 그리스의 인륜적 공동체는 붕괴하며, 예술작품 속에 표현된 인륜적 정신도 소멸된다.

3. 계시종교

헤겔은 예술종교를 통해 신의 형태가 외부에 존재하는 것으로부터 인간 자신으로, 즉 실체의 형식에서 주체의 형식으로 옮겨 간 것으로 이해한다. 고대 그리스에서 신의 모습을 형상화한 조각상은 인간의 모습으로 표현되며, 따라서 "신의 인간화"를 나타낸다. 그러나 조각상은 외형적으로만 인간의 모습을 갖추고 있을 뿐이며, 내면은 인간과 다른 자연 속에 자신의 모습을 감추고 있다. 제례의식으로서 축제에서는 외면성과 내면성이 통일을 이루게 되며, 희극에서는 신적인 것이 인간의 자기의식 속에서, 즉 자기 자신을 확신하는 인간의 의식 속에서 소멸된다. 그에 의하면 "자아가 절대존재이다"로 표현되는 희극의 주제는 자아가 절대존재의 술어에서 주어로 뒤바뀌게 된 상황을 적나라하게 보여 준다. 그러나 헤겔에 의하면 이러한 신적인 것의 상실은 영원성의 상실과 함께 자기를 초월하는 운동을 멈추게 함으로써 궁극적으로 인간적인 것의 상실을 초래하게 된다.

신적인 것의 상실과 자기 자신에 대한 절대적 확신은 인간을 추상적인 법적 주체로 만들며, 공동체와 어떠한 연결도 지니지 않은 독립적인 개인들은 오직 형식적인 법에 의해서만 서로 외면적으로 연결된다. 고대 로마를 상징적으로 묘사하는 신이 상실된 시대에도 여전히 신의 모습으로 조각상이 존재하며, 신에 대한 찬가와 신을 위한 제례의식도 행해진다. 그러나 헤겔에 의하면 "조각상은 생명의 활기를 불어넣어 줄 혼을 상실한 채 한낱 돌덩이가 되고 찬가는 믿음이 사라진 말잔치가 되는가 하면 … 신들에게 바쳐지는 제례의식은 신과의 기쁨에 넘치는 일체감을 느낄 수 없게 된다." 이 모든 것들은 죽은 요소로 생기를 잃어버리며,

이러한 신의 상실과 함께 인륜적 공동체로부터 해체된 개인들을 지배하는 것은 보편적인 것으로서 냉혹한 법일 뿐이다. 공동체로부터 완전히 해체된 채, 추상적인 형식 속에 매몰된 법적 개인들에게는 오직 자기 자신에 대한 확신만이 자아의 유일한 내용을 구성한다. 이러한 공허함 때문에 개인들은 차가운 현실로부터 도피해 자신의 내면에서 진리를 찾고자 한다. 로마 시대에 유행한 스토아주의나 회의주의, 그리고 불행한 의식은 바로 신의 부재 속에서 초월적인 운동을 상실한 개인들이 안주할 수 있는 도피처라 할 수 있다. 그러나 헤겔에 의하면 현실세계와 자신의 내면 사이에서 겪게 되는 불행한 의식의 "비애와 동경"은 결국 개인들이 내면으로 침잠했던 의식으로부터 벗어나 자신들의 외화를 통해 정신으로의 고양을 가능하게 한다. 헤겔은 자기 자신만을 확신하는 의식이 자신의 외화를 통해 자신을 정신으로, 즉 보편적인 것으로 고양되는 것을 계시종교인 기독교를 통해, 특히 예수 그리스도를 통해 설명한다.

헤겔에 의하면 예수 그리스도를 통해 표상되는 신은 추상적인 신이 아니다. 신은 인간 의식의 산출작용으로서가 아니라, 감각적으로 인지될 수 있는 육체를 지닌 인간의 모습으로, 그리고 자기의식으로 현실에 존재하기 때문이다. 예수 그리스도를 통해 표상된 신은 인간의 본성과 신적 본성이 동일하다는 것을 드러내 준 감각적 필연성에 의거해서 자기의식적인 존재가 된다. 예수 그리스도는 신이 더 이상 인간과 완전히 다른 존재가 아니라 바로 자기 자신이며, 동시에 자기 자신이 신적 본질을 지니고 있다는 것을 인간에게 알려 준다. 예수 그리스도를 통한 신과 인간의 이러한 통일은 인간으로 하여금 유한성과 개체성을 극복하고 무한성과 보편성으로의 고양을, 이와 함께 정신의 탄생을 가능하게 한다. 헤겔은 "신이 육체를 가진 존재로 나타난다는 것, 또는 자기의식을 지닌 인간의 형태를 띤다는 것이 바로 절대종교의 단순한 내용"으로 규정한다. 신은 더 이상 피안의 신이 아니라 현실세계 속에 살아 있는 신이며, 현실 존재 속에서 자신을 계시한다. 이러한 신은 자기외화 속에서 자기 자신을 알며, 자신이 타자화되는 가운데 자기동일성을 유지하는 운동인 정신이라 할 수 있다. 헤겔은 신과 정신을, 그리고 자기의식을 모두 동일한 것으로 이해하며, 이러한 통일이 계시종교인 기독교 속에서, 특히 예수 그리스도를 통해 형상화된 것으로 간주한다.

인간의 육체를 지닌 예수는 결국 죽음을 맞이할 수밖에 없는데, 부활을 통해, 그리고 종교공동체인 교회를 통해 보편자로서 그의 정신은 영원성을 지니게 된다. 예수의 죽음은 두 가지 의미를 지니고 있는데, 하나는 특수한 존재로서 소멸함으로써 영원성을 지닌 보편적인 존재가 된다는 것이며, 다른 하나는 추상적인 존재로서 신의 죽음이다. 예수의 죽음을 통해 신은 더 이상 현실로부터 유리된, 피안의 실체가 아닌, 교회에서 성령으로 부활하여 자기의식들에게 살아 있는 주체로서 구체적인 현실성을 지니게 된다. 즉 추상적이고 생명 없는 실체로서의 신이 죽고 주체가 된 신이 보편적인 자기의식으로 현실에 존재하게 되는 것이다. 따라서 예수의 죽음은 신을 표상하는 예수의 존재를 특수성으로부터 보편성으로의, 그리고 추상성으로부터 현실성을 지닌 존재로의, 그리고 실체로부터 주체로의 변화를 가능하게 한다.

헤겔에 의하면 그리스도의 제자들은 그리스도를 직접 보

고 들을 수 있었으나, 그리스도의 죽음에 의해 "여기와 지금"이라는 그리스도의 현존은 정신적인 현존으로 바뀌어야만 했다. 이러한 과거 존재의 현재화는 제자들의 기억을 통해 이루어지며, 그들 공통의 기억 속에서 그리스도는 정신적으로 현존하게 된다. 즉 그리스도가 제자들의 의식 속에서 내면화되고, 이러한 것들을 교회 공동체를 통해 함께 보존함으로써 그리스도의 가르침은 현재화된다. 이러한 가르침은 교회와 함께 제자들을 보편적인 정신으로 고양시키며, 교회의 보편적인 자기의식이라는 형식을 통해 지속성과 영원성을 지니게 된다. 예수의 존재와 죽음이라는 과거는 교회의 역사에 의해, 단순한 반복일 뿐 아니라 끊임없이 이어지는 계시이기도 한 교회의 전통에 의해 매개되고 이러한 교회 속에서 살아 움직이는 정신이 된다. 따라서 예수의 죽음은 "공동체의 자기의식 속에서 자연적 의미를 상실한다. 죽음은 자신의 공동체 속에서 살아 있는 정신의 보편성으로 전환되어 그 속에서 나날이 죽으면서, 또한 나날이 부활하는 것이다." 즉 공동체 속에 살아 있는 정신은 고정된 실체가 아닌, 자신을 외화하고 이러한 외화 속에서 다시금 자기동일성을 이루는 지속적인 운동으로 나타난다.

이와 함께 계시종교의 교회 속에서, 그리고 자기의식 속에서 비로소 정신의 활동이 구체적으로 표현된다. 그러나 헤겔에 의하면 계시종교 속에 나타난 정신의 활동은 종교적인 것으로서 정신의 현실적인 자기의식이 진정한 주체로 정립되어 있는 것은 아니다. 종교라는 대상적인 형식을 벗어나 자기의식이 자신의 외화를 통해 현실세계를 정립할 때, 그리고 이러한 현실 속에서 자기동일성을 유지할 때 비로소 정신의 활동은 계시 종교라는 종교적인 형식이 아닌 현실적인 정신으로 나타나며, 그리고 대상세계와 자기의식의 진정한 통일인 개념의 세계인 절대지에 도달하게 된다.

7장
절대지

헤겔은 절대지에서 오랜 역사 속에서 다양한 방식으로 종교가 담당했던 역할을 학문이, 특히 개념을 창출해 내는 철학이 떠맡아야 한다는 사실로부터 시작한다. 이러한 사유는 헤겔이 『정신현상학』 서문에서 자신의 시대를 "탄생의 시대이자 새로운 시대로의 이행기"로 묘사한 근대적 상황과 밀접한 연관성을 지닌다. 새로운 시대의 탄생은 정치와 경제의 변화, 그리고 종교적 세계관에서 과학적 세계관으로의 이행이라는 다양한 형태 속에서 표출되지만, 『정신현상학』에서는 무엇보다도 진리가 더 이상 외부에 존재하는 것이 아닌, 바로 사유하는 자기 자신에 의존해 있다는 근대적 정신 속에 나타난다. "진리를 실체로서뿐만 아니라 주체로서 파악하고 표현"해야 한다는 헤겔의 요구는 바로 『정신현상학』에서 의식의 발전과정을 통해 도달하고자 한 궁극적인 지점이며, 근대적 정신을 진리에 대한 관점에서 표현한 것이라 할 수 있다.

헤겔에 의하면 진리가 존재하는 참다운 형태는 오직 학문으로서만 가능하며, 따라서 『정신현상학』의 목표는 "철학이 학문에 대한 사랑이라는 이름을 떨쳐 버리고 현실적인 지가 되도록 하는 것"이며, 이러한 목표는 절대지에 이르러 완성된다. 헤겔에 의하면 절대지는 대상을 자기 자신으로 이해함으로써 대상과 대상에 대한 지, 그리고 존재와 사유가 완전한 통일에 이르게 된 상태를 의미한다. 의식에게 낯선 대상은 더 이상 존재하지 않으며, 이러한 대상은 자신에 대한 절대적인 확신 속에 있는 자기의식의 운동 속에서 지양된다. 대상은 더 이상 의식과 무관하게 존재하는 대상이 아닌, 오직 자기의식의 대상이며, 대상 속에서 자기의식이 오직 자기 자신만을 인식할 때 의식은 절대지에 이르게 된다. 따라서 의식이 감각적 확신에서부터 계시종교에 이르기까지 경험해 왔던 대상세계와 자기의식의 대립은 절대지에서 비로소 극복된다. 절대지에서 모든 대상적 존재들은 자기의식에 의해 매개되어 있으며, 대상의 대상성은 완전히 지양된다. 따라서 절대지는 모든 존재하는 것이 자기의식에 의해 완전히 파악된 상태를, 자기의식을 벗어난 어떤 대상도 용인되지 않는 상태를 의미한다. 이를 통해 실체가 주체로, 의식의 대상이 자기의식의 대상으로 전환되며, 존재하는 대상세계는 자기의식의 활동 속에서 새롭게 정립된다.

그러나 절대지에서 자기의식은 "자아는 자아"라는 공허한, 아무런 내용이 없는 추상성에 머물러 있지 않고, 대상의 대상성을 지양하는 운동을 통해 대상이 지닌 다양한 요소들을 자신의 계기들로 간직함으로써 구체적인 내용들로 충만해 있다. 헤겔에 의하면 자기의식은 자신을 외화하며, 이러한 외화 속에서 자신을 상실하지 않고 자기동일성을 유지하는 운동인데, 이러한 운동은 또한 정신의 운동이기도 하다. 이러한 자기의식의 운동을 이론적인 측면에서 살펴보면, 자기의식은 자신의 외화를 통해 외부에 존재하는 대상 속으로 침투해 들어가며, 이러한 대상 속에서 자기 자신을 확인하며, 다시 자기 자신으로 복귀하는 과정으로 나타난다. 이를 통해 대상의 대상성은 지양되며, 절대지의 구체적인 모습인 개념이 형성된다. 그러나 대상을 모두 자기의식에 근거한 정신으로 환원함으로써 대상의 존재를 부정하는 듯이 보이는 자기의식의 이러한 운동은 사실은 대상을 적극적으로 정립하는 활동이기도 하다. 즉 자기의식의 운동은 실천적인 측면을 포괄하고 있는데, 자기의식은 자기의 외화를 통해 대상을 새롭게 정립한다. 이와 함께 자기의식은 대상세계에서 자기 자신을 발견하며, 대상세계를 자신의 것으로, 자신의 소유물로 이해한다. 즉 자기의식으로서 정신은 세계의 주인인 주체로 자신을 드러내며, 자신의 자유를 자신이 만들어 낸 구체적인 현실세계 속에서 실현한다.

헤겔에 의하면 절대지로서 개념을 창출해 내는 자기의식의 이러한 활동은 정신으로 나타난다. 정신은 유한한 것과 무한한 것을 포괄하는 존재하는 모든 것과 우리의 의식이 표상하는 모든 것을 자신의 본질인 자기의식의 활동의 결과로 이해하며, 이러한 자기의식의 활동 자체를 자기 자신으로 이해한다. 헤겔은 자기의식에 근거해 있는 정신의 위력을 "자신이 외화되는 가운데서도 자신을 잃지 않는 절대적인 주체적 존재로서 내적인 자아와 외적인 자아를 모두 다 요소로서 떠안는 데 있는 것"으로 규정한다. 의식, 자기의식, 이성, 정신, 종교에 이르기까지 갖가지 다양한 의식에 사로잡혀 있는 정신의 자기 형성운동은 절대지에서 완결되며, 이러한 절대지에서 정신은 자신의 토대인 개념을 획득한다. 절대지에 도달한, 이와 함께 개념을 획득한 정신은 현실세계 속에서 자신을 구체적으로 드러내는데, 감각적 확신에서 절대지에 이르는 전 과정은 개념으로 고양된 정신이 자신을 현상하는 과정이자, 동시에 감각적인 확신으로부터 절대지에 이르는 의식의 발전 과정이기도 하다. 헤겔에 의하면 직관이 아닌, 개념으로 모든 사태를 파악하는 학문, 즉 철학만이 의식의 이러한 과정을, 정신이 자신을 현상하는 과정을 포착할 수 있으며, 이러한 학문으로서 철학에 의해서만 절대지는 자신의 구체적인 모습을 드러낸다.

고정된 실체가 아닌 구체적인 활동으로서 정신은 자신의 외화를 통해 현실세계 속에서 절대지에 이르기까지 자신을 생성해 나가는데, 이러한 정신 생성의 토대가 되는 것은 공간과 시간이다. 구체적인 공간은 '자연'으로 나타나는데, 자연은 정신이 생성될 수 있는 토대이며, 자신을 정립해 나가는 활동을 하는 장소이다. 또한 시간은 정신이 자신을 생성해 나가는 과정으로서 역사로 나타난다. 정신은 공간과 시간 속에서, 자연을 포함한 구체적인 현실세계와 다양한 사건들이 혼합된 역사 속에서 자신의 목표인 절대지에 이르기까지 자신을 외화하고 실현하며, 이와 함께 자신을 새롭게 생성해 나간다. 과거의 사라진 시간은 정신 속에 보존되며, 과거에 존재했던 것은 지의 형태로 새롭게 태어나 현실세계에서 새로운 정신의 생성을 가능하게 하며, 이와 함께 정신은 자신의 왕국을, 자유의 왕국을 만들어 나간다. 그리하여 헤겔은 절대지에 도달한 정신의 세계를, 이러한 세계를 철학이라는 학문으로 포착한 『정신현상학』을 "이 정신의 왕국의 술잔으로부터 정신의 무한성이 피어오른다"로 끝맺는다.

Georg Wilhelm
HEGEL

[세창명저산책]

세창명저산책은 현대 지성과 사상을 형성한 명
저들을 우리 지식인들의 손으로 풀어쓴 해설서
입니다.

· 세창명저산책은 계속 이어집니다.